算数の基礎・基本を楽しく学べる授業

26のアイディアとポイント

廣田敬一 著

教育出版

はじめに

「この授業を通して，私は初めて計算の意味を学びました。それぞれの計算の意味とは何かと考えたのも初めてでしたし，そう考えながら計算の意味を学んだのも初めてでした。(中略) 私は，今までずっと疑問だった公式がありました。わかりそうでわからない，そんな感じでした。その公式は，$\frac{b}{a} \div \frac{d}{c} = \frac{b}{a} \times \frac{c}{d}$ です。なぜ逆さまになっているのか意味がわかりませんでした。でも，この授業を通して，模擬授業をして，その意味がやっとわかりました。みんなでたくさん話し合って，奥深くまで探求しました。理解できたときはすごく嬉しかったです。とても嬉しかったので，友達に説明したら，『わかった！』と言ってくれて，また，とても嬉しくなりました。」

小学校の校長を退職して，大学で算数科の教育法の講義をするようになって出会った学生たちの大半は，とても素直でまじめに課題に取り組みます。毎回の講義の終了時に提出させているワークシートには，時折上のような感想が見られます。小学校を卒業して7～8年，教職を目指している若者たちの実態を率直に表している内容だと思います。

現在の私は，大学での講義と小学校の校内研究会の講師という二足の草鞋を穿いた生活をしていますが，学校に伺うと，若い経験の少ない先生方が職場の大半を占めているという状態です。研究への取り組み方はとてもまじめで一生懸命ですが，経験が少ない分，指導内容や指導方法について手探り状態でいる人たちも少なくない様子で，基礎的・基本的なことがらからきめ細かく解明していくことの必要性を感じています。きっと，既に教師としての仕事を始めていても，上記の学生の感想文のような素朴な疑問を持ち続けている先生方が少なからずいるのではないかと思われるのです。

「楽しい算数の授業を行いたい。」「子どもたちがよくわかる授業，学力が育つ授業を行いたい。」という願いは，多くの教師たちの願いであると思います。そのような授業を実現するためには，指導のねらいを明確に把握し，教材の本質をとらえ，子どもの実態を踏まえて授業を構成することが不可欠です。

私が本書を著そうと考えたきっかけは，大学の算数科の教育法の講義で，教職を目指す学生たちに算数という教科のねらいや内容をとらえさせるために必要だと感じられる内容を整理しておきたいと思ったからですが，教育出版の編集スタッフの

方々の勧めもあって，学校現場の若い先生方に算数の教材研究の視点を示すことなど，校内研究の資料として役立てていただける内容を加えることにしました。

　授業を実際に行うことを考えたとき，教材研究の視点として大切なのは，主たる教材である教科書をしっかり読み解くことであると私は考えています。学校の研究会でお話しするときは，その学校で使用している教科書について，教科書の意図や工夫点など内容のとらえ方を示すことにしていますが，本書では教育出版の教科書を紹介する形で論を展開しました。

　また，教材のねらいや意味をとらえる際には，根拠となる学習指導要領の内容やその解説の内容が重要であると考えています。そういった基本的な教材のとらえ方を，学生たちや授業に臨む先生方に身につけてほしいと思っています。そこで，関連するそれらの項目を引用して解説することも，本書の多くの項目で行っています。

　私は現在，およそ週2回のペースで学校の研究会におじゃましていますが，その中で，先生方の様々な授業の工夫や，子どもたちの発言や活動からたくさんのことを学びます。本書では，そういった現場の努力の成果と言える内容を写真などを用いて紹介するように努めました。こういった研究成果の交流は，授業の質の向上に大きな効果があると考えています。ぜひ，本書を活用していただくとともに，改善案やご意見をお寄せいただければと思っています。

　最後になりましたが，本書を著すに当たって，快く情報を提供していただいた各学校や研究会の皆様，お世話をいただいた教育出版編集部の皆様，とりわけ担当していただいた秦浩人氏に心より感謝申し上げます。

平成23年8月
廣田敬一

目次

アイディア1 数の前に教えること 1
1年生の教科書の最初の単元の指導はどのようにしたらよいでしょうか

アイディア2 世界一大きな数をつくろう 7
十進位取り記数法の理解を深めるための指導はどのような工夫をしたらよいでしょうか

アイディア3 はしたの何倍で1になる？ 13
2年生で扱う分数の指導はどのような工夫をしたらよいでしょうか

アイディア4 数表を活用しよう 19
倍数，約数や素数について楽しく学べる授業を工夫しましょう

アイディア5 問題文に合わせて操作や図で表そう 25
たし算やひき算の式の意味を説明できるようにするにはどうしたらよいか考えましょう

アイディア6 動きがある図でとらえるかけ算・わり算 31
かけ算やわり算の意味の指導はどのような工夫をすればよいか考えましょう

アイディア7 拡張の場面設定を工夫しよう 37
0のかけ算やあまりのあるわり算のように計算の意味を拡張する場面の指導について考えましょう

アイディア8 数直線を活用しよう 43
小数（分数）のかけ算・わり算の意味の指導はどのようにしたらよいか考えましょう

アイディア9 10のまとまりに目をつけよう 49
繰り上がりや繰り下がりのあるたし算・ひき算の計算で大切なことは何かを考えましょう

アイディア10 わり算はやり直しの計算と考えよう 55
わり算が難しい理由を調べ苦手意識を克服するための工夫を考えましょう

アイディア11 既習の整数の計算に置き換えて考えよう 59
小数のかけ算・わり算の計算のしかたはどのように考えると見つけられるでしょうか

アイディア12 整数や小数の計算の考え方を活用しよう 63
分数のかけ算・わり算の計算のしかたの学習で筋道立てて考える力を育てるにはどうすればよいでしょうか

アイディア13 場に応じた比較や測定のしかたを考えよう 69
量の比較や測定の授業ではどのような工夫をしたらよいでしょうか

アイディア14	既習の図形に分けたり変形したりして考えよう ……… 77
	既習の公式をもとにして面積の公式をつくりだすにはどうしたらよいでしょうか

アイディア15	片方の数量のそろえ方を考えよう ……………………… 83
	苦手とする子どもが多い「単位量当たりの大きさ」の指導はどのように工夫したらよいでしょうか

アイディア16	図形を作ったりなかま分けしたりして考えよう ……… 89
	基本的な図形の概念の指導ではどのようなことが大切なのか考えましょう

アイディア17	きまりの説明のしかたの違いを考えよう…………………… 95
	帰納的な考え方や演繹的な考え方を育てる図形の内角の和の指導について考えましょう

アイディア18	円の内側や外側に正多角形をかいて考えよう ………… 101
	円周率や円の求積の指導はどのように工夫したらよいか考えましょう

アイディア19	自分の位置を想像する活動を大切にしよう …………… 107
	空間にあるものの位置関係を把握したり想像したりする力を育てる指導について考えましょう

アイディア20	順序よく整理して見つけたきまりを活用しよう ……… 111
	関数の考えを用いるよさや楽しさが味わえるようにする指導の工夫について考えましょう

アイディア21	式を使って考えの交流をしよう ………………………… 119
	式で表したり式を読んだりする力を育てるためにはどのような指導をしたらよいでしょうか

アイディア22	目的意識から始める「一連の活動」…………………… 127
	日常生活に関連の深い表やグラフについての授業はどのように組み立てたらよいでしょうか

アイディア23	めあてを明確にして考えたり表現したりしよう ……… 133
	算数的活動をどのように取り入れて算数の授業を行ったらよいでしょうか

アイディア24	どのように考えるとよいかを意識しよう……………… 141
	数学的な考え方を育てるための問題解決の授業はどのように構成したらよいでしょうか

アイディア25	学びが見える板書とノートにしよう …………………… 149
	算数の基礎・基本をしっかり学べるようにする板書やノート指導のしかたについて考えましょう

アイディア26	生活の中から算数の問題を見つけよう ………………… 155
	子どもが楽しく取り組める問題にはどのようなものがあるかを調べましょう

> アイディア **1**
> 数の前に
> 教えること

1年生の教科書の最初の単元の指導はどのようにしたらよいでしょうか

研究課題

■ 1年 p3〜4 　■ 1年 p6〜7
（以下，特に記載がないものは，平成23年度版小学算数教科書　教育出版発行による）

　入学したばかりの1年生は，「早く漢字を覚えたい，数の勉強をしたい。」と意欲満々です。「数を数えることができる。たし算やひき算の計算だってできる。」と思っている子どもは少なくありません。それなのに，教科書を開いてみると，最初は絵ばかりのページが並んでいて，たし算の問題もひき算の問題も見当たりません。「幼稚園の絵本と変わらない」とがっかりする子どももいます。

　1年生の算数の最初の単元では，何をどのように指導するのかを考えてみましょう。

ここがポイント

① 教科書の絵を見て，数が多い，少ないの物語をつくる
② 1対1の対応をつける活動をする
③ 数えにくいものを数える活動をする

(1) 教科書から読み取れること

　1年の算数の学習は、数の最初である「1」から指導するものだと思っている人は、大人でもたくさんいます。でも、教科書を見ると、右のように、「1」という数が出てくるのは第2単元です。

　1から5までの数を数えたり、唱えたり書いたりすることが第2単元の学習内容であるとすると、その前の第1単元では、いったいどんな内容の学習をするのでしょうか。

1年 p8～9

　第1単元のページを開いてみても、単元名以外に文字は見当たりません。子どもが言うように、幼稚園の絵本のような感じです。そこで、絵本であると割り切ってしまって、単元名を手がかりに、まずどんな「なかよし」が見つかるか、話し合っていくことが、自然な展開のように思われます。

　最初のページを見ると、「くまさんやうさぎさんが友だちとなかよく遊んでいる」「赤や黄色のチューリップが、なかよく一緒に咲いている」「チューリップのところにちょうちょが蜜をもらいに近づいて、なかよくしたいと言っている」などという物語ができるでしょう。次のページでも、「小鳥と巣箱、カエルと蓮の葉は、なかよしなんじゃないかな」などと、関係のあるものを見つけて、物語ができていくのではないかと思われます。

(2) 学習指導要領や学習指導要領解説から、算数のねらいをつかむ

　このように、絵本として算数の教科書を読む活動を通して、どのような算数の学習を展開していくのか、算数の授業としてのねらいをはっきりさせていくことが肝心です。

　そこで、学習指導要領や小学校学習指導要領解説算数編（以下、「解説書」）に当たってみることにしましょう。

アイディア1
数の前に教えること

　学習指導要領には，第1学年の最初の項目として，「(1)ものの個数を数えることなどの活動を通して，数の意味について理解し，数を用いることができるようにする。」として，「ア　ものとものとを対応させることによって，ものの個数を比べること。」「イ　個数や順番を正しく数えたり表したりすること。」と示されています。1年の教科書の最初のいくつかの単元は，この項目に基づいた内容で構成されています。

　この2つの項目について，解説書では，次のように示されています。

> **解説書**
>
> ア　個数を比べること
>
> 　ものの個数を比べようとするとき，それぞれの個数を数えなくても，<u>1対1の対応をつけることで，個数の大小や相等が判断できる。</u>例えば，下の図では，ブロック■とおはじき●との間に1対1の対応をさせることで，おはじき●の数の方が多いことが分かる。（中略）
>
> 　ものの個数と数詞とを1対1に正しく対応させて数えることや，数で大小を比べることなどへと導くためには，このようにものとものとを対応させる活動を踏まえることが大切となる。
>
> イ　個数や順番を数えること
>
> 　<u>ものの個数を数えようとするとき，数えるものの集まりを明確にとらえることが大切である。次に，数える対象に「いち，に，さん，し，…」という数詞を順番に1対1に正しく対応させて唱え，対応が完成したときの最後の数によってものの個数を表す。</u>（以下略）
>
> （小学校学習指導要領解説算数編p55：下線は筆者による）

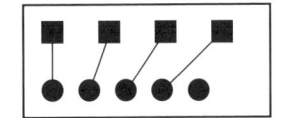

　「数が同じ」ということは，比べようとしている対象となる集合の要素の個数が等しいということです。例えば，上の解説書に示されているブロックの集合とおはじきの集合であれば，その要素である■と●の個数が等しいということです。その個数の大小，あるいは相等を調べるときは，■と●に1対1の対

応をつけることで判断できるということなのです。1対1の対応がつくときは個数が等しく、どちらかが余っているときは、余っている方の個数が多いということが分かります。ですから、前述の解説書の図のような関係であれば、●の個数が多いということは、それぞれの数を数えなくても分かります。

　下の図では、カップもグラスも子どもも数字も、それぞれ1対1の対応がつけられているので数が同じです。同じ数には、同じ名前をつけておく方が便利です。そこで、下の絵の数には、「さん」という名前をつけて、「3」と記すようにしようというのが命数法(数の唱え方)であり、記数法(数の書き表し方)なのです。

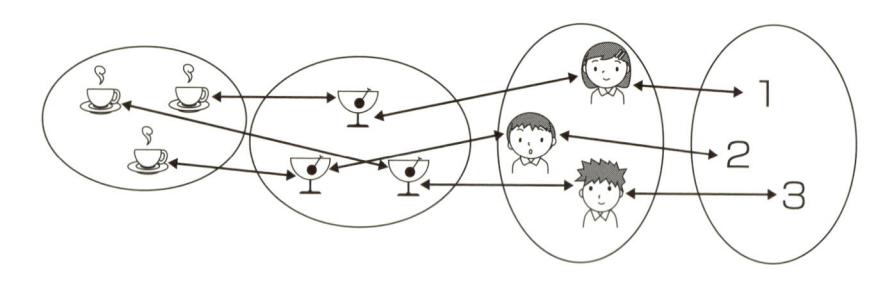

　このことから、数を認識するためには、対象となる集合を明確にし、集合の要素同士に1対1の対応をつけていく活動が欠かせないことがわかります。

　1年の教科書の最初の単元は、数の唱え方や書き表し方を学習するための基盤となる「対象となる集合は何か」を明確にしたり、対象となる集合の要素同士に1対1の対応をつけて数の大小や相等を判断したりする活動のための単元なのです。

　ですから、教科書の絵から見えてくる物語が、「ちょうちょ1匹が赤いチューリップ1本にとまれるかな。黄色いチューリップではどうかな。」とか、「小鳥は1羽ずつ1つの巣箱に入れるかな。」のように、1対1の対応をつけて個数を比べる活動につながっていき、比べる対象とする要素同士を線で結んだり、要素の1つ1つとおはじきなどを対応させ、そのおはじきを並べて個数を比べたりするとよいことを理解させるような展開にしていくことが大切です。

> アイディア1
> 数の前に
> 教えること

(3) 実際に物の個数を数える場面では？

　ところで，実際の子どもたちの反応はどうでしょうか。様々な情報に囲まれている現在の子どもたちは，入学したばかりで，まだ，数の唱え方や書き表し方を学習していない時期にもかかわらず，100や200くらいの数を唱えることは難しいことではないと思われます。ですから，教科書の絵にあるようなものを数えることは，容易にできてしまいそうです。例えば，最初に示した教科書の絵にあるチューリップが全部で9本咲いているということは，きっと，ほとんどの子どもが正しく数えられることでしょう。では，次のような場面ではどうでしょう。

　1年の最初には，学校のあちこちを巡って，学校がどのようなところなのかを知るための活動を行います。校舎の中だけでなく，校庭に出て花壇を見たり，遊具を見たりすると思います。

花壇のチューリップ

　算数で，いろいろなものの個数を比べたり，数を数えたりする学習が始まったところですから，花壇のチューリップの様子を見ながら，何本咲いているかが話題になることもあるでしょう。教科書のチューリップの絵を簡単に数を数えることができる子どもたちですから，少しくらい数が多くても数が数えられそうです。ところが，花壇のチューリップの数を数えさせると，子どもの答えはまちまちになってしまいます。

　なぜ，そのようなことになってしまうのでしょうか。

　上の写真を見ると分かるように，教科書の絵とは違って実物のチューリップは，つぼみだったり花びらが落ちてしまっていたり，「咲いているチューリップ」の範囲がはっきりしません。何を数えてよいのかがはっきりしなければ，数はまちまちになってしまうでしょう。これは，大人が数えても同じことです。つぼみがどの程度に開いたときに花として認めるのかは，人によって判断が異なるので，数える対象が一定にならないのです。

　また，花壇のチューリップは，教科書の絵のように整然と一列に並んで咲い

ているわけではありませんから，一度数えたチューリップを重複して数えてしまったり，数え落としをしてしまうこともあります。1本1本，咲いていると言えるのかどうかを確認しながら，チューリップの花と数詞を1対1に対応させて数えなければ，正しく数を数えることができないのです。

解説書には，数を数えることの条件が3つ述べられています（p55）。数を正しく数えるためには，
①数えるものの集まりを明確にとらえる
②数える対象に「いち，に，さん，し，…」という数詞を順番に1対1に正しく対応させて唱える
③対応が完成したときの最後の数によってものの個数を表す
という3つのことができなければならないのです。

(4) 授業の工夫例

授業の工夫の具体的な例としては，次のようなことが考えられます。
①比べるものどうしを並べたり線で結んだりして対応させる
・教科書にある絵を活用することを基本として，さらに，動かせる絵カードなどを使って，比べる対象となる集合を明確にしながら，カードを並べて数を比べる活動などを取り入れる。
②動きがあるものを数える活動を取り上げ，数えやすいおはじきなどに置き換えるとよいことを実感させる
・動画やフラッシュカードなどを使って，数えたいもの1個におはじき1個を対応させて置き，おはじきの数で数えたいものの個数をとらえる。
・「さくら」「いちねんせい」などの言葉の音に合わせて，おはじきを机の上に置いたり，その人数のグループをつくるゲームを行ったりする。
③数える対象があいまいなものを数える活動を取り上げ，何を数えて何を数えないか明確にすることが大切であることを理解できるようにする
・(3)で述べたように，学校の花壇の花など，身の回りにあるものの個数を数える活動を取り上げる。

アイディア 2
世界一大きな数をつくろう

十進位取り記数法の
理解を深めるための指導は
どのような**工夫**をしたらよいでしょうか

研究課題

整数については，第1学年から数の範囲を広げながら指導してきています。第4学年では，億・兆の単位について指導し，十進位取り記数法についての理解を深めることになっています。十進位取り記数法については，どのようなことを理解することが大切なのでしょうか。その内容を明らかにし，どのような指導の工夫が考えられるか調べてみましょう。

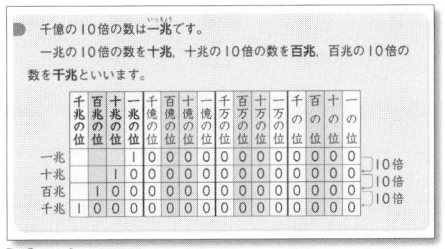

> 千億の10倍の数は一兆です。
> 一兆の10倍の数を十兆，十兆の10倍の数を百兆，百兆の10倍の数を千兆といいます。

📖 4上 p5

> 0，1，2，3，4，5，6，7，8，9の10この数字を組み合わせると，どんな大きさの整数でも表すことができます。

📖 4上 p8

ここがポイント
① 兆より大きな数の読み方を調べたり表したりする活動をする
② 「世界一大きな数」の表し方を考える

(1)「十進位取り記数法の理解」とは

学習指導要領には，第4学年の内容として，「(1)整数が十進位取り記数法によって表されていることについての理解を深める。」，「ア　億，兆の単位について知り，十進位取り記数法についてまとめること。」と示されています。そ

7

して，解説書では十進位取り記数法の原理として，整数が，「①それぞれの単位の個数が10になると新しい単位に置き換える」という**十進法の考え**と，「②それぞれの単位を異なる記号を用いて表すかわりに，これを位置の違いで示す」という**位取りの考え**によってできあがっていることを示し，さらに，十進位取り記数法の仕組みによると，「どのような大きな数でも，0，1，2，3，4，5，6，7，8，9の10種類の数字で表すことができる」と述べています。

第4学年では，億や兆という大きな数を学習することを通して，第1学年から順次，学習を積み重ねてきた十進位取り記数法についてのまとめをすることになっているのです。

(2) 子どもは十進位取り記数法をどのように学習してきているか

それでは，ここで子どもたちがこれまでに，十進位取り記数法について，どのように学習してきているのかを振り返ってみることにしましょう。

《第1学年》

◇10までの数

第1章で述べたように，同じ数には同じ名前（命数法）をつけ，同じ数字で書き表し（記数法）ます。また，異なる数については異なる名前をつけ，異なる書き表し方をすることになります。

1〜9については，それぞれ「いち」「に」「さん」…と読み，「1」「2」「3」…と書き表します。「じゅう」は，読み方は「いち」から「きゅう」までとは異なる新しい名前ですが，書き表し方は「10」で，これまでに用いた「1」という数字が使われています。ここで，命数法と記数法のしくみが異なっていることがわかります。しかし，1年生は，「1」と「0」を分けてとらえるのではなく，「じゅう」という数は「10」と書き表すのだというように，「1」と「0」を合わせたひとつのまとまりとしてとらえることが普通です。

◇10より大きい数

続いて，10より大きい数の学習をします。

アイディア2
世界一大きな
数をつくろう

　右の図のように，10より大きい数は，10のまとまりをつくって，10とあといくつというようにとらえ，例えば「10と3」ならば「じゅうさん」という名前をつけて，「13」と書き表すことを指導します。ここでは，命数法についても，「じゅう」といくつを組み合わせた表し方になっています。また，記数法については左側に「1」と書いて，これが10のまとまりを表していること，右側が端数（あといくつか）を表す数字になっていることをとらえさせます。

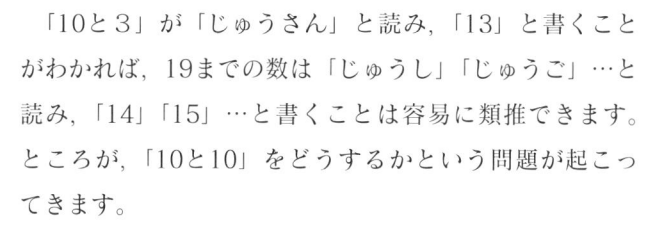

　「10と3」が「じゅうさん」と読み，「13」と書くことがわかれば，19までの数は「じゅうし」「じゅうご」…と読み，「14」「15」…と書くことは容易に類推できます。ところが，「10と10」をどうするかという問題が起こってきます。

　そこで，「10と10」は「じゅうじゅう」ではなく，「にじゅう」という名前であり，「20」と書き表すことを知らせます。「にじゅう」の「に」，「20」の「2」は10のまとまりが2つあることを表している「に」であり「2」であるわけです。このように学習を積み重ねて，十進数のしくみが次第にはっきりしてくるわけです。

◇2位数と簡単な場合の3位数

　第1学年の後半には，2位数と簡単な場合の3位数（120くらいまでの数）について学習します。

　ここでは，具体物を数えたり，具体物を用いて数を表したりするなどの活動を通して，何十何という数が，10のまとまりの個数と端数という数え方を基にして構成されていることを学習します。また，「十の

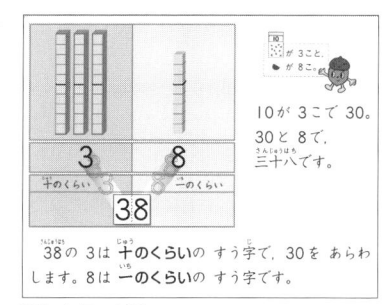

📖 1年 p64

📖 1年 p65

📖 1年 p120

位」「一の位」という用語についても学習し，位置によって数字の表す大きさが異なっていること，すなわち十進位取り記数法の原理についての基礎的なことがらを理解することになります。

《第２学年》

◇４位数までの数・１万

　第２学年の100より大きな数の学習は，位取り記数法の原理を理解するにあたって，とても大切な内容を含んでいます。

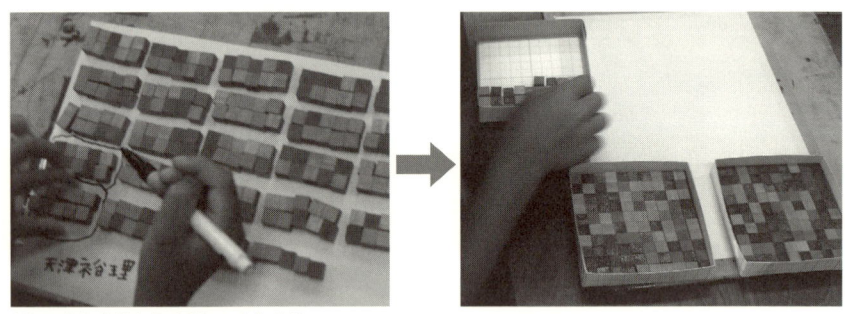

10のまとまりから100のまとまりへ

　それは，10のまとまりが10個集まったときに新しい単位をつくるということです。十進数は，「それぞれの単位の個数が10になると新しい単位に置き換える。（十進法の考え）」ということが大切な原理です。そのことは，２位数の場合に，10のまとまりをつくって数えるという経験をするだけでは理解できたとは言えないのです。10のまとまりが10個で100（ひゃく）という新しい単位をつくる，「まとまりのまとまり」の考え方を経験することが，この学年の学習の重要なポイントになります。

《第３学年》

◇１万より大きな数

　第３学年では，１万より大きな数を学習します。

　１万より大きな数については，具体的に数えたり，数を唱えたりする経験をすることは難しいので，その指導に当たっては十進位取り記数法の原理を基にして，千，万，十万…などを単位として数の相対的な大きさに着目して数をと

らえることが大切になります。その際，万の単位の目盛りの付いた数直線の上に数を表すことなどの指導が大切です。

　また，1万までは，一，十，百，千，と位が上がるごとに，その単位に新しい名前をつけていたけれど，1万より上の位は，一万，十万，百万，千万というように，一，十，百，千を繰り返して用いることになります。これは，万進法とも呼ばれる数の唱え方で，第4学年の億や兆の学習で，そのしくみが確認されることになります。欧米では3桁区切りの唱え方になっていて，その区切り方は，銀行などで用いる数の表記に表れています。

(3) 十進位取り記数法のまとめの指導をどのように工夫するか

　話題を本題に戻しましょう。

　第4学年で億や兆という大きな数を扱うのは，世界の国々の人口，国家予算，宇宙の広さを表す距離など，子どもたちにとって興味ある題材の意味を読み解くために必要であるということもありますが，同時に，十進位取り記数法についての理解を確実なものにするために必要だからです。本稿では，子どもたちに数のしくみについて興味を持たせ，十進位取り記数法の原理についての理解をより確かなものにするための工夫として，億や兆よりさらに大きな数を取り上げる事例を紹介します。次のページに，ワークシートと指導のポイントを載せてありますので活用してください。

　このワークシートを使った指導では，数の読み方(命数法)については，名前がつけられている範囲でしか数を表せないけれど，十進位取り記数法では，0，1，2，3，4，5，6，7，8，9の10種類の数字があれば，どんな大きさの数でも表すことができることが実感できます。

　また，前段の大きな数を読んだり，書いたりする活動では，十進法の考えや位取りの考えを振り返りながら，新しい課題を解決することになるので，これまでの十進位取り記数法の学習の内容を確認することができます。子どもたちは，普段の学習では触れないような大きな数の名前を知ることに興味深く取り組み，楽しんで学習することができると思います。

ワークシート

1 大きな数のよみ方を調べましょう。
 ① 6523487592３000000
   ア 上の数の「6」は，どんな大きさを表しているでしょう。

   イ 上の数の「6」の表している数のよみ方を調べてみましょう。

 ② 大きな数のよみ方は，江戸時代に書かれた「塵劫記（じんこうき）」という数学の本にのっています。「兆」より大きな数のよみ方を調べてみましょう。

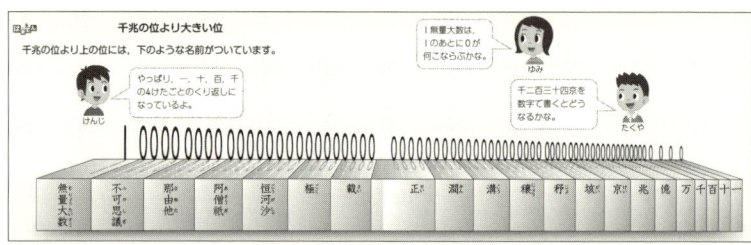

千兆の位より大きい位
千兆の位より上の位には，下のような名前がついています。

やっぱり，一，十，百，千の4桁ごとのくり返しになっているよ。
けんじ

1無量大数は，1のあとに0が何こならぶかな。
ゆみ

千二百三十四京を数字で書くとどうなるかな。
たくや

無量大数　不可思議　那由他　阿僧祇　恒河沙　極　載　正　澗　溝　穣　秭　垓　京　兆　億　万　千百十

4上p12〜13

2 兆より大きな数をよんだりかいたりしてみましょう。
 ① 1で調べたことをもとにして，次の数を読んでみましょう。
   20541163098300000000000
  （読み方を書きましょう。）

 ② 次の数を数字で書いてみましょう。
   三千二百十八極五千載

3 世界一大きな数を数字で書いてみましょう。

◇①アは，千兆の10倍の数の6個分とか，一兆の1万倍の数の6個分と答えることができる。
  イは未習なので，「塵劫記」で調べることにする。
◇2①②では，4桁区切りにすると数が読みやすくなることや大きさを捉えやすくなることを確認する。
◇3が，この教材のポイントになる。
  1，2の活動をすると，子どもたちは，「世界一大きな数」として，1の後に0をたくさん並べた数字を書き，1無量大数あるいは1000無量大数が世界一の数であると考えたり，9を72個並べて「9999無量大数9999不可思議9999那由他…」が世界一大きな数であると考えたりする。
  このように複数の意見が出たときは，その中では，9を72個並べた，「9999無量大数9999不可思議9999那由他…」が最も大きい数であることが容易に分かるので，その数を取り上げて，「これより1大きい数を数字で書くことができませんか。」と問う。
  すると子どもたちは，これまでの記数法の原理から考えて，72桁よりもう1桁増やした73桁の数にして，1の次に0を72個付けた数になると答える。そうすると，子どもたちは，それより73個の数字が全部9の数の方が大きい数であることに容易に気づき，さらに桁を増やせば，もっと大きな数がつくれることに気づいていく。
  つまり，「十進位取り記数法の仕組みによると，どのような大きな数でも，0，1，2，3，4，5，6，7，8，9の10種類の数字で表すことができる」ことを実感する。また，このようにしてつくった数の読み方は不明であり，知られている範囲の命数法では表せないこともわかる。

アイディア **3**
はしたの何倍で
1 になる？

2年生で扱う分数の指導は
どのような工夫をしたらよいでしょうか

研究課題

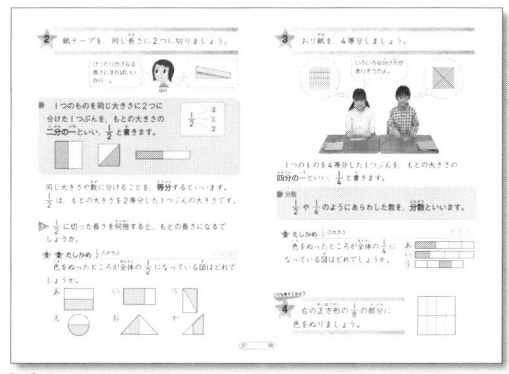

> 2下 p57〜58

　平成23年度から全面実施となった学習指導要領では，第2学年から分数が導入されることになっています。これまでの学習指導要領では，分数は第4学年から扱うことになっていましたから，分数は第2学年の子どもにとって難しいのではないかと心配です。

　分数が第2学年から扱われるようになったわけを調べ，その指導の方法について考えてみましょう。

ここがポイント

① もとにする大きさをを等分して $\frac{1}{2}$ や $\frac{1}{4}$ をつくる活動をする
② はしたの大きさの何倍で1になるのかを調べる活動をする

13

(1) 各学年で，分数はどのように指導されるのか

最初に，解説書の第3学年の分数にかかわる内容を見てみましょう。そこには，次のようなことが述べられています。

> **解説書**
>
> ア　分数の意味と表し方
>
> 　分数は，等分してできる部分の大きさや端数部分の大きさを表すのに用いられる。
>
> 　分数の意味について，その観点の置き方によって，様々なとらえ方ができる。$\frac{2}{3}$を例にすると，次のようである。
>
> ① 具体物を3等分したものの二つ分の大きさを表す。
> ② $\frac{2}{3}$L，$\frac{2}{3}$mのように，測定したときの量の大きさを表す。
> ③ 1を3等分したもの（単位分数である$\frac{1}{3}$）の二つ分の大きさを表す。
> ④ AはBの$\frac{2}{3}$というように，Bを1としたときのAの大きさの割合を表す。
> ⑤ 整数の除法「2÷3」の結果（商）を表す。
>
> (p100)

　上の①〜⑤については，①は操作分数（分割分数），②は量分数，③は数としての分数，④は割合分数，⑤は商分数などと呼ばれることがあります。新しい学習指導要領では，②は主として第3学年で，③は主として第3学年と第4学年で，④と⑤は主として第5学年で指導されることになっています。そして，①の簡単な場合，$\frac{1}{2}$や$\frac{1}{4}$が第2学年で指導されることになったのです。

　分数はこのように多様な意味に使われているので，子どもたちが混乱しないように，指導の系統をよく考え慎重に扱う必要があります。ここでは，第3学年の量分数（②）の扱いを視野に入れながら，第2学年の操作分数（①）の扱い方について考えていくことにします。

> アイディア3
> はしたの何倍で
> 1になる？

(2) はしたの大きさの表し方 ＝小数と分数の導入＝

　長さやかさ(体積)をmやLなどを単位として測定したとき，単位のいくつ分できっちり測れることは少なく，ほとんどの場合ははしたが出てきます。そのはしたの大きさを数値で表す方法として，次の3つの方法が考えられます。

　第一は，cmやdLのような，始めの単位より小さな単位（下位単位）を使って測定する方法です。それでもまだはしたが出るようであれば，mmやmLのようなさらに小さい単位を使って測定します。この方法は，第2学年の学習内容として位置づけられています。

　第二は，十進位取り記数法の原理に基づいて表されている整数のしくみや，上述の第一の方法にならって，$\frac{1}{10}$，$\frac{1}{100}$，……の大きさを単位として数値化する方法で，これが小数の考え方です。

　第三は，単位とする大きさを等分した大きさとはしたの大きさを比べたり，はしたの大きさの何倍が単位の大きさであるかということを調べたりして数値化する方法で，これが分数の考え方になります。

　第二の小数の考え方も，第三の分数の考え方も，量を測定したときのはしたの大きさを数値化するという点では共通しています。そして，どちらも第3学年の指導内容として位置づけられています。

　下に示したのは，改訂前の教科書の小数と分数の導入のページです。

A　　　　　　　　　　　　　　B

■ 平成17年版小学算数4上 p86, 51 教育出版

AとBのどちらが小数で、どちらが分数かわかりますか。

実はAが小数の導入の課題で、はしたの量は1Lの$\frac{3}{10}$の大きさ、すなわち0.3Lになっています。一方、Bは分数の導入の問題で、はしたの長さは$\frac{1}{4}$mです。はしたの大きさを見ると、単位の$\frac{1}{10}$の大きさに着目しやすいAが小数で、単位の長さを等分割しやすいBが分数であることは理解できると思います。液量の場合は、容器に10等分の目盛りがついていることが多く、Lの下位単位がdLなので、$\frac{1}{10}$に着目しやすいという利点があり、テープなどの長さの場合は、折ったり、はしたの長さを当てて測ったりして、単位の大きさがはしたの何倍になるかを調べることが容易であるという利点があります。

ところで、AやBのようにはしたの大きさが何Lか、何mかと問われたとき、子どもたちは何と答えるのでしょうか。はしたの大きさを分数や小数で表すということは、この単元で学習することですから、子どもたちは答えられなくて当然の状態なのです。でも、例えばAの場合なら、dLという下位単位を知っていますから、3dLということはわかりますし、それが1Lを10等分したうちの3つ分であることもわかります。Bの場合でも、cmという下位単位を用いて、25cmという長さであることはわかります。Lやmを単位とした数値で表すという、導入の問題に対する答え方が未知のことがらなのです。

また、小数より先に分数を学習していれば、Aの場合は$\frac{3}{10}$Lであると答えることができます。でも、分数より先に小数を学習していても、Bが$\frac{1}{4}$mであることは答えられないでしょう。

(3) 第2学年で分数を学習することの利点

第2学年の分数の内容について、解説書では「分数の意味や表し方については、第3学年から本格的に指導するが、第2学年では、分数について理解する上で基盤となる素地的な学習活動を行い、分数の意味を実感的に理解できるようにするのがねらいである。(p71)」と述べています。その内容として、折り紙やロープなどを2等分する活動を通して、$\frac{1}{2}$(二分の一)という分数を知らせ、それをさらに2等分して4等分の大きさをつくる活動を通して、$\frac{1}{4}$(四分

の一)という分数を知らせるという具体的な例を示しています。また，さらに活動を進めて，元の大きさの$\frac{1}{8}$の大きさをつくることにも言及しています。

ここで着目しておきたいのは，「分数について理解する上で基盤となる素地的な学習活動」であるということです。素地というのは土台とか基礎という意味ですが，この場合には，日常生活の中でものを半分ずつに分けたり，4等分したりすることは数多く行われていることなので，その「半分」あるいは4等分を，算数の世界のことがらとして取り上げて，次の学年で本格的に学習することになっている分数を理解するための土台となるようにしておこうということなのです。

このような「素地」ができていると，第3学年で，例えば上述のBのような問題の場面ではしたの大きさを考えるとき，「はしたの大きさは，1mの長さを4等分した一つ分の大きさだから，$\frac{1}{4}$mと言えるのではないか」というように，答えを考え出すことが可能になります。

もう一つ大切なことは，第3学年で扱う量分数では，もとにする大きさは1mとか1Lという決まった大きさであることです。でも，日常生活の中に表れてくる等分割の分数の場合は，1とする大きさは，大きなものも小さなものもあります。このように，意味の異なる分数をほぼ同時に扱ったのでは，子どもたちが混乱してしまうことが予想されます。操作分数(分割分数)は，日常生活の中で行われる等分割する操作の意味を表すものとして第2学年で指導しておき，測定のはしたを表す量分数については第3学年でしっかり指導するように指導の段階を分けることで，混乱を防ぐという意味もあるのです。このように考えると，今回の改定の意味がよく理解できると思います。

(4) 授業の工夫例

①分割したそれぞれがぴったり同じ大きさであることを確かめる

　日常生活の中の「半分」と，算数で取り上げる$\frac{1}{2}$とではどこが違うのでしょうか。それは，「半分」は若干あいまいな分け方でも許容することが多い"日常語"であるのに対し，$\frac{1}{2}$は，きちんと2等分するという意味を表す

算数の言葉である点です。つまり$\frac{1}{2}$の方は，2つに分けたそれぞれが，ぴったり同じ大きさであることが求められるということなのです。したがって，$\frac{1}{2}$は2つに分けたそれぞれが，$\frac{1}{4}$は4つに分けたそれぞれが，ぴったり同じ大きさであることを確かめる活動が大切になります。

②何の何分の一なのか，もとにするものを明確にする

　　第2学年で扱う操作分数は，1の大きさを等分する操作を分数として表していますから，1にあたる大きさは様々です。そこで，何の何分の一なのか，もとにするものを明確にすることが必要です。

③1の大きさを等分割する活動と同時に,もとの大きさは$\frac{1}{2}$の2倍，$\frac{1}{4}$の4倍，……であることを確かめる活動を取り入れる

　　第3学年で学習する量分数では，単位の大きさを等分割して調べたり，はしたの大きさをもとにして単位の大きさがはしたの何倍に当たるかを調べたりします。その素地的な活動として第2学年の活動が位置づけられているわけなので，1の大きさを等分割する活動と同時に，もとの大きさが分割したひとつ分の大きさの何倍にあたるかを確かめる逆方向の活動も取り上げておきたいものです。

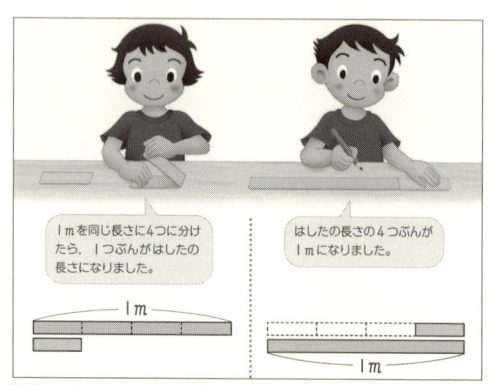

1mを同じ長さに4つに分けたら，1つぶんがはしたの長さになりました。

はしたの長さの4つぶんが1mになりました。

■平成17年版小学算数4上 p52 教育出版

アイディア **4**
数表を
活用しよう

倍数，約数や素数について楽しく学べる授業を工夫しましょう

研究課題

　倍数や約数についての学習は，整数についての乗法的な見方を深め，小学校で学習する乗除の計算や異分母分数の加減の計算に役立つだけでなく，中学校で学習する因数分解などの基礎としても大切です。また，平成23年度から実施されている新しい学習指導要領では，倍数，約数の学習と関連して，素数についても触れることになっています。

　倍数，約数について，最小公倍数や最大公約数を形式的に求めるような取り扱いに偏らず，倍数，約数，素数について楽しく学ぶための指導の工夫について考えてみましょう。

▶ 5上 p65

ここがポイント

① 数表を使って，倍数の並び方のきまりを見つけ，倍数の見分け方を発見する
② 「エラトステネスのふるい」の方法で素数を見つける活動を行う

(1) 学習指導要領や解説書に示されていることがら

最初に、学習指導要領の第5学年の倍数、約数にかかわる内容を解説書に見てみましょう。そこには次のようなことがらが示されています。

> **解説書**
> (1) 整数の性質についての理解を深める。
> 　　ア　整数は、観点を決めると偶数、奇数に類別されることを知ること。
> 　　イ　約数、倍数について知ること。
> 〔用語・記号〕最大公約数　最小公倍数
> (内容の取扱い)
> (1) 内容の「A数と計算」の(1)のイについては、<u>最大公約数や最小公倍数を形式的に求めることに偏ることなく、具体的な場面に即して取り扱うものとする</u>。また、約数を調べる過程で素数について触れるものとする。
>
> (p141：下線は筆者による)

また、解説書には、「約数や倍数の意味を指導するとともに、ある数の約数や倍数の全体をそれぞれ一つの集合としてとらえられるようにすることをねらいとしている。(p141)」、「この約数、倍数の考え方を日常生活の場面で実際に使ってみることによって、<u>整数の性質についての理解を深めるようにする。(p142)</u>」などと記されています。ここで述べられているように、倍数や約数は、整数の性質についての理解を深めるために扱われる内容であり、そのためには、ある整数の倍数あるいは約数の集合を考えたり、複数の整数に共通する倍数や約数の集合（公倍数、公約数）を考えたりすることが大切であることが読み取れます。また、倍数や約数についての学習は、形式的に最小公倍数や最大公約数を求め、計算を実行することに偏ることなく、日常の場面で、倍数や約数、公倍数や公約数が用いられる場面を取り上げるなど、これらの知識を活用することを視野に入れて指導することが大切であることがわかります。

⑵ 倍数・公倍数を楽しく学ぶことができるようにするために

ここでは，教科書のような展開とは別に，数表を用いることによって，倍数についてのきまりの発見を重視した展開例を紹介しておきたいと思います。

右のような数表を１人数枚ずつ用意しておき，これを使って次のように授業を進めます。

	1	2	3	4	5	6	7	8	9
10	11	12	13	14	15	16	17	18	19
20	21	22	23	24	25	26	27	28	29
30	31	32	33	34	35	36	37	38	39
40	41	42	43	44	45	46	47	48	49
50	51	52	53	54	55	56	57	58	59
60	61	62	63	64	65	66	67	68	69
70	71	72	73	74	75	76	77	78	79
80	81	82	83	84	85	86	87	88	89
90	91	92	93	94	95	96	97	98	99
100									

① 数表の２の倍数に印をつける。

T ２の倍数に○をつけましょう。どのような並び方をしていますか。

C 縦に１列に並んでいます。

C １つおきに並んでいます。

T 数表を見て，２の倍数のきまり（見分け方）がわかりますか。

C 一の位が，０，２，４，６，８，偶数になっています。

T 縦に１列に並んでいるということは，どういうことですか。

C 一の位の数が同じです。

T それが，０，２，４，……と，1つおきで，偶数になっているということですね。では，２の倍数と同じような並び方をするのは，いくつの倍数かわかりますか。

C ５の倍数です。

② 数表の５の倍数に印をつける。

T では，もう１枚の数表を使って，５の倍数に○印をつけてみましょう。

２の倍数

	1	②	3	④	5	⑥	7	⑧	9
⑩	11	⑫	13	⑭	15	⑯	17	⑱	19
⑳	21	㉒	23	㉔	25	㉖	27	㉘	29
㉚	31	㉜	33	㉞	35	㊱	37	㊳	39
㊵	41	㊷	43	㊹	45	㊻	47	㊽	49
㊿	51	(52)	53	(54)	55	(56)	57	(58)	59
(60)	61	(62)	63	(64)	65	(66)	67	(68)	69
(70)	71	(72)	73	(74)	75	(76)	77	(78)	79
(80)	81	(82)	83	(84)	85	(86)	87	(88)	89
(90)	91	(92)	93	(94)	95	(96)	97	(98)	99
(100)									

５の倍数

	1	2	3	4	⑤	6	7	8	9
⑩	11	12	13	14	⑮	16	17	18	19
⑳	21	22	23	24	㉕	26	27	28	29
㉚	31	32	33	34	㉟	36	37	38	39
㊵	41	42	43	44	㊺	46	47	48	49
㊿	51	52	53	54	(55)	56	57	58	59
(60)	61	62	63	64	(65)	66	67	68	69
(70)	71	72	73	74	(75)	76	77	78	79
(80)	81	82	83	84	(85)	86	87	88	89
(90)	91	92	93	94	(95)	96	97	98	99
(100)									

C （5の倍数に○印をつけ，やはり縦に1列に並んでいることを確認する）

T 5の倍数の数表を見て，5の倍数のきまり（見分け方）が言えますか。

C 一の位が0か5になっています。

③ 数表の9の倍数に印をつけ，9の倍数の見分け方を考える。

T 次は，9の倍数について，数表を使って調べてみましょう。9の倍数に○印をつけて，どのような並び方をしているか，並び方のきまりを見つけてください。

9の倍数

	1	2	3	4	5	6	7	8	⑨
10	11	12	13	14	15	16	17	⑱	19
20	21	22	23	24	25	26	㉗	28	29
30	31	32	33	34	35	㊱	37	38	39
40	41	42	43	44	㊥	46	47	48	49
50	51	52	53	㊾	55	56	57	58	59
60	61	62	㊽	64	65	66	67	68	69
70	71	㊷	73	74	75	76	77	78	79
80	㊶	82	83	84	85	86	87	88	89
⑨⓪	91	92	93	94	95	96	97	98	㊾
100									

C 右上から左下に斜めに並んでいます。

T 並び方を，下にいくつ，左にいくつというように数を使って表すとどのように言えますか。

C 下に1，左に1のところに並んでいます。

C 99だけ例外です。

T 2の倍数や5の倍数は，一の位に目を付けただけで見分けられました。9の倍数もきまりよく並んでいますが，2や5の倍数のような見分け方が見つけられますか。

C 一の位の数が，9，8，7，……と1ずつ減っています。

C 十の位の数は，1ずつ増えています。

C 一の位の数と十の位の数をたすとどれも9になっています。

T 一の位の数と十の位の数をたして9になる数が9の倍数と言ってよいですか。

C 99は，一の位の数と十の位の数をたすと18だから，一の位の数と十の位の数をたした数が9の倍数になる数が9の倍数と言う方がよいと思います。

T 100までの数では，そのように言えそうですね。100より大きな数でもそのことが言えるかどうか確かめてみましょう。

C （適当な3桁の数について調べ，きまりが成り立っていることを確かめる。）

④ 数表の3の倍数に印をつけ，3の倍数の見分け方を考える。

T では，続いて3の倍数について調べてみましょう。

> アイディア4
> 数表を
> 活用しよう

C 9の倍数と同じように，右上から左下に斜めに並んでいます。

C 下に1，左に1のところに並んでいるから，やはり一の位が1ずつ減って，十の位が1ずつ増えています。

C 一の位の数と十の位の数をたした数が変わらないということになります。

C 斜めに並んだ数のなかまを見ると，一の位の数と十の位の数をたした数が，3，6，9，12，15，18となっている。3の倍数になっています。

C 3の倍数は，一の位の数と十の位の数をたした数が3の倍数になっているかどうかで見分けられるということです。

C 9の倍数と3の倍数は，並び方も見分け方も似ています。

(3) 素数の見つけ方

　素数とは，1とその数以外には約数のない正の整数のことです。1は素数には含めません。素数ではない整数は合成数（1をのぞく）と言い，素数の積で表すことができます。様々な整数の約数を調べ，それぞれの整数の性質をとらえる過程で，約数のたくさんある整数が見つかったり，逆に，1とその数以外に約数のない整数（素数）が見つかったりします。先に示した学習指導要領の内容の取り扱いには，そのような素数の扱い方が記されています。

　このように，あっさりと取り扱うことでよいわけなのですが，あっさりしすぎては，何のために小学校で素数を学習する必要があるのか，その意義が感じられなくなってしまいます。そこで，素数について興味がわくような工夫を考えてみたいと思います。

　いくつかの教材が考えられますが，ここでは，数表

5上 p75

を使って、100までの素数を見つける、「エラトステネスのふるい」という方法を紹介することにします。この方法を紹介している教科書もあり、比較的容易に手際よく素数が見つけられるので、子どもたちが興味を持って取り組める活動であると思われます。

前ページに掲げた教科書に記述されているような方法で素数でない整数を消していくと、右表のようになります。素数は、⬤や○で囲んであります。つまり、1〜100の中には素数が25個あることがわかります。

このエラトステネスのふるいの優れているところは、1〜100の場合だと、⬤で囲んだ4つの素数の倍数を消すだけで、全部の素数がわかってしまうところです。○で囲んだ11以上の素数については、何もしなくても素数だとわかるのです。

なぜかというと、7までの素数の倍数を消したときには、7までの素数の倍数ではない数が残っているわけです。もし、その数が素数でない数（合成数）だとすると、その数は、それより小さい2つ以上の素数の積で表されるはずです。ところが、数表にある数は100より小さい数なので、2つ以上の数の積で表そうとすると、一方は必ず10より小さな数になります。ところが、10より小さい素数の倍数は、既に全部消してしまっているわけですから、残っている数は素数であるほかはないということになります。

エラトステネスのふるいで素数を見つける方法では、一般に、自然数aまでの素数は$\sqrt{a}$までの素数の倍数を消すことで、残っている数が素数であることが判別できます。100までの場合は、$\sqrt{100}$すなわち、10までの素数の倍数を消せばよいということで、7の倍数を消した時点で、残った数が素数であることがわかったのです。どうですか、ずいぶんと手軽な素数の見つけ方だとは思いませんか。

アイディア
問題文に合わせて操作や図で表そう

たし算やひき算の式の意味を説明できるようにするにはどうしたらよいか考えましょう

研究課題

算数では，計算についての学習にたくさんの時間をかけています。とりわけ，低学年ではその割合が多くなっています。計算については，①計算の意味　②計算の方法　③計算の習熟という3つのことがらを学習しますが，その中でも，計算の意味について理解することは，その後の学習の基盤としてきわめて大切なことがらです。

たし算やひき算の意味については，第1学年で扱います。第1学年から系統的に計算の意味の学習を積み重ねていくことが，算数・数学の学習を円滑に進めるために特に重要です。

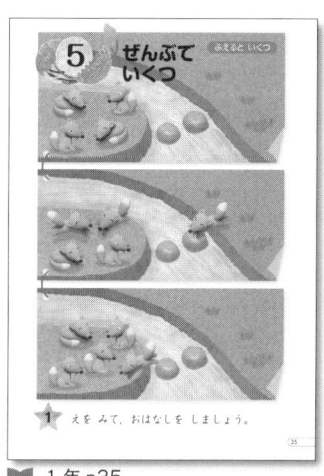

1年 p35

たし算やひき算の意味についての基本的なことがらを調べ，たし算やひき算の式の立式が正しくでき，式の意味をきちんと説明できるようにするためには，どのような指導が必要か考えてみましょう。

ここがポイント

① 問題文に合わせて具体物を操作したり図に表したりして，式の意味を説明する活動を繰り返し行う

② 絵や図，式に合う問題作りを行い，作った問題を出題し合う

(1) たし算の意味

　たし算は，第１学年の１学期に指導される最も基本的な計算ですが，「たし算とはどのような計算ですか。」と，改めて聞かれると意外と答えにくいものです。基本的なことがらについて説明することは難しいことなのです。

　定義に基づいて論理を展開する数学の世界では，たし算についても定義をしています。いろいろな立場から定義がなされているのですが，ここでは，小学校で扱うたし算のイメージに近い，集合論的な立場からの定義を紹介しておきます。

> 　数える対象となる２つの集合A，Bがあり，集合Aと集合Bに共通の要素がないとき，この２つの集合を１つに統合して要素の数を数える場合，集合A，Bの要素の個数を，それぞれn(A)，n(B)と表すことにすると，A，Bの合併集合A∪Bの要素の個数n(A∪B)との間には
> $$n(A)+n(B)=n(A\cup B)$$
> という等式が成り立っている。このように，共通部分のない２つの集合を合併して１つの集合として，その集合の大きさを求めることをたし算とする。

　数学の記号に不慣れな人は，読みにくいかもしれませんね。図を使って説明すると，右のようになります。（５＋４の場合）これならよくわかるという人も多いのではないでしょうか。

　ここで大切なことは，２つの集合に重なりがないということと，２つの集

〈たし算の意味〉
　数える対象とする２つの集合があるとき，それらを１つの集合とみて，全体の個数を数える。（２つの集合に重なる部分がない場合）

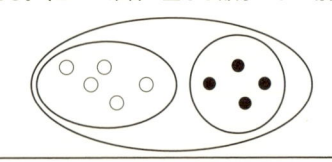

合は，１つのまとまりとしてとらえられるものであるということです。男の人５人と子ども４人という２つの集合の場合は，重なりがあるのでたし算はできません。みかん５個とりんご４個の場合は，くだものという１つの集合と見ることによって，たし算の対象とすることができるようになります。

> **アイディア5**
> 問題文に合わせて
> 操作や図で表そう

(2) たし算が使われる場合

　でも、1年生にはこんな説明のしかたはできません。教科書を見ると、たし算が使われるいくつかの場面を示してお話をさせ、共通点を見つけさせるという展開をしています。その共通点を明確にするために、「ぜんぶで」「ふえると」「あわせて」などのキーワードが示されています。そして、もう1つ大事なのは、お話に合わせてブロックなどの具体物を使って操作をさせ、操作の共通性に着目させるようにしていることです。

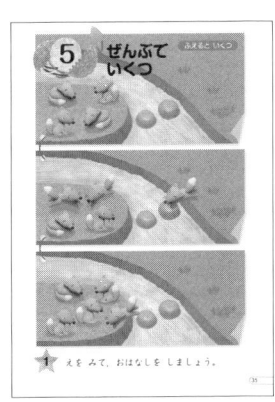

■ 1年 p35, 36, 39

　解説書では、たし算が用いられる場合について、次のように述べています。

> **解説書**
> (ア) はじめにある数量に、追加したり、それから増加したりしたときの大きさを求める場合（増加）
> (イ) 同時に存在する二つの数量を合わせた大きさを求める場合（合併）
> (ウ) ある番号や順番から、さらに何番か後の番号や順番を求める場合（順序数を含む加法）
>
> (p59)

このほかに，㈎2つの数量のうち，Aの数量がBの数量よりどれだけ大きいかがわかっているとき，Aの数量の大きさを求める場合（求大）㈵減法a－b＝cの場面で，aを求める場合（逆思考・減法逆の加法）などがあります。この中で，㈰，㈪は第1学年のたし算の導入の場面で，㈫，㈎は，第1学年の後半に扱われることが多く，㈵は第2学年の指導内容として位置づけられています。

(3) ひき算の意味と用いられる場合

ひき算は，たし算の逆の計算として定義されます。すなわち，$a + x = b$（$x + a = b$）となるxが存在するとき，そのxを$b - a$とするのです。

教科書では，ひき算の意味についてもたし算と同じように，ひき算が使われるいくつかの場面を示してお話をさせ，共通点を見つけさせるという展開をしています。「のこりは」「ちがいは」などのキーワードが示され，お話に合わせてブロックなどの具体物を使って操作をさせ，操作の共通性に着目させるようにしているところもたし算の場合と同様です。

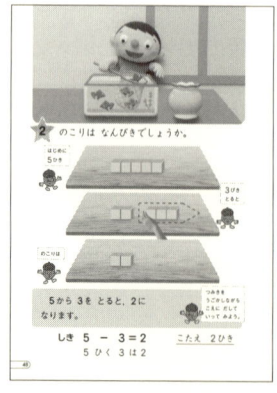

1年 p47, 48, 58

解説書で述べられているひき算が用いられる場合は，次のとおりです。

> **解説書**
> (ア) はじめにある数量の大きさから，取り去ったり減少したりしたときの残りの大きさを求める場合（求残）
> (イ) 二つの数量の差を求める場合（求差）
> (ウ) ある順番から，幾つか前の順番を求める場合や，二つの順番の違いを求める場合（順序数を含む減法）
>
> (p59)

このほかに，(エ)2つの数量のうち，Aの数量の大きさがBの数量よりどれだけ小さいかがわかっているとき，Aの数量を求める場合（求小）(オ)a＋b＝cの場面で，aまたはbを求める場合（逆思考・加法逆の減法）と，a－b＝cの場面で，bを求める場合（逆思考・減法逆の減法）などがあります。(ア)，(イ)はひき算の導入時に扱われ，(ウ)，(エ)は第1学年の後半に指導されることが多く，(オ)は第2学年の学習内容として位置づけられています。

(4) 計算の意味の説明の方法

これまで調べてきたように第1学年のたし算やひき算の意味の説明は，用いられている数値が小さいこともあって，問題文に合わせてブロックやおはじきなどの具体物を操作して，「～と～を合わせるからたし算」，「～から～を取った残りを求めるからひき算」というように説明します。最初は，問題文を声に出して読みながら，それに合わせて操作をしたり図に表したりするとよいでしょう。そして，ノートやワークシートに○の図をかくなどして表現します。

学習指導要領には，第1学年の算数的活動の例として，「計算の意味や計算の仕方を，具体物を用いたり，言葉，数，式，図を用いたりして表す活動」が示されています。次ページの写真は，問題作りの活動の後，自作の問題を出題し合い，解答者の役の子どもが立式し，そのわけを説明しているところです。このように，具体物を操作したり，図を使ったりして，式の意味を説明する活動をたくさん経験させることが大切です。

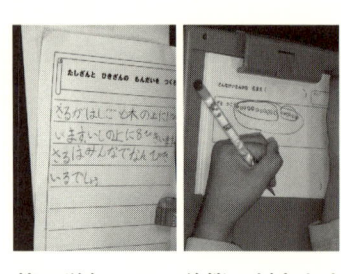

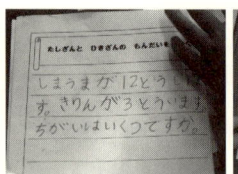

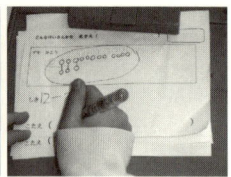

式の意味の説明

　第2学年では，計算の対象となる数値が大きくなり，また，逆思考の問題なども扱われます。前述したように，○の図をかいたり，具体物を操作して説明することが大変だったりできなかったりします。そこで，この学年では，テープ図を用いることになります。第1学年の場合と同じように，下の写真のように説明する活動を，できるだけ多く取り入れるようにすることが大切です。

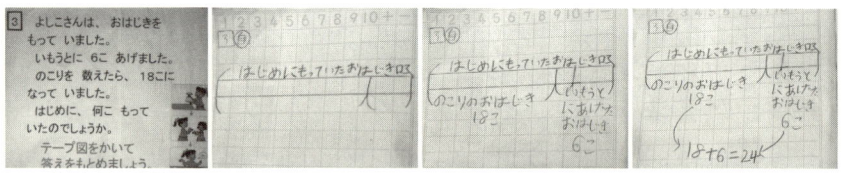

テープ図を用いた説明

(5) 問題作りの活動

　計算の意味の説明は，算数的活動に示されているように，「具体物を用いたり，言葉，数，式，図を用いたりして」表現されます。これらの数学的な表現方法を使いこなせるようにすることが大切です。そこで，問題文に合わせて具体物を操作したり，図をかいたり，式に表したりする活動だけでなく，式にあてはまるように，具体物を操作したり，図をかいたり，問題文を作成したりする活動や，操作や図に合うような式に表したり，問題文を作成したりする活動を取り入れるようにします。上掲の写真は，絵を見て問題文を作り，その問題を出題し合ってたし算やひき算の意味についての理解を深めた実践例です。このような計算の意味について考えたり説明したりする活動は，とても大切であるにもかかわらず，実際の授業場面では計算のしかたや習熟の陰に隠れてしまいがちです。問題作りや具体物の操作などの表現する活動は，子どもにとって楽しい活動ですので，ぜひその機会を増やしてほしいものです。

アイディア
4
動きがある図で
とらえるかけ算・
わり算

かけ算やわり算の意味の指導は
どのような工夫をすればよいか
考えましょう

研究課題

　かけ算は，小学校の算数の中で，好きだと答える子どもたちが最も多い学習です。（平成17年日本数学教育学会意識調査委員会調べ）かけ算の学習を心待ちにしている子どもたちがとても多く，この学習意欲を長く持続させたいものだと思います。しかし，一般には，かけ算の学習はかけ算九九を覚えることに重点が置かれがちです。その後の学習の基盤として重要なかけ算の意味についての指導は不足気味で，このことに対する子どもの興味・関心が高いとは言えません。

　ここでは，かけ算の意味の指導のあり方について考え，さらに，その逆算であるわり算の意味の指導についても調べることにしましょう。

2下p2

ここがポイント

① 動画の活用により「ひとつ分」，「いくつ分」をはっきり意識する
② 問題文に合わせて具体物を操作したり図に表したり，既習のかけ算と関連させたりして，わり算の意味をとらえる

(1) かけ算の意味

かけ算の学習内容について，学習指導要領には次のように示されています。

> **学習指導要領**
>
> (3) 乗法の意味について理解し，それを用いることができるようにする。
> ア　乗法が用いられる場合について知ること。
> イ　乗法に関して成り立つ簡単な性質を調べ，それを乗法九九を構成したり計算の確かめをしたりすることに生かすこと。
> ウ　乗法九九について知り，1位数と1位数との乗法の計算が確実にできること。
>
> （以下略・[第2学年] 2内容　A数と計算より：下線は筆者による）

　最初に意味にかかわることがらが位置づけられており，このことが学習の基盤であることがわかります。また，解説書には，かけ算の意味について，「乗法は，一つ分の大きさが決まっているときに，その幾つ分かに当たる大きさを求める場合に用いられる。つまり，同じ数を何回も加える加法，すなわち累加の簡潔な表現として乗法による表現が用いられることになる。また，累加としての乗法の意味は，幾つ分といったのを何倍とみて，一つの大きさの何倍かに当たる大きさを求めることであるといえる。（以下略・p75）」と述べられています。

　かけ算の意味として，ア　（ひとつ分の大きさ）×（いくつ分），イ　同じ数を何回も加える同数累加（a＋a＋…＋a），ウ　（ひとつ分の大きさ）×（何倍）というとらえ方をすることを取り扱うことになります。

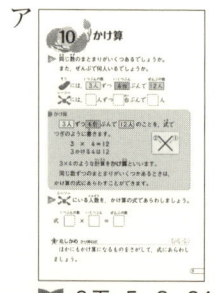

■ 2下 p5, 8, 34

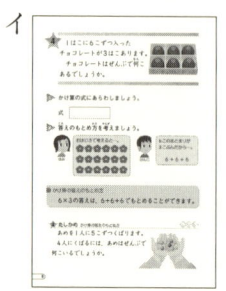

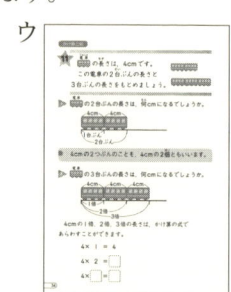

32

アイディア6
動きがある図でとらえる
かけ算・わり算

(2) かけ算の意味の指導

　かけ算の導入場面としては，多くの教科書が遊園地を取り上げています。同じ数ずつのものがいくつもある場面が提示できるので，遊園地はかけ算の導入には適した素材であると思われます。

　そして，下に掲げたように，同じ数ずつのものと同じ数ずつでないものを対比させながら，同じ数ずつにすると数えやすくなることに着目させるようにしています。このような活動を通して，（ひとつ分の大きさ）×（いくつ分）というかけ算の定義に導いていくようにしています。

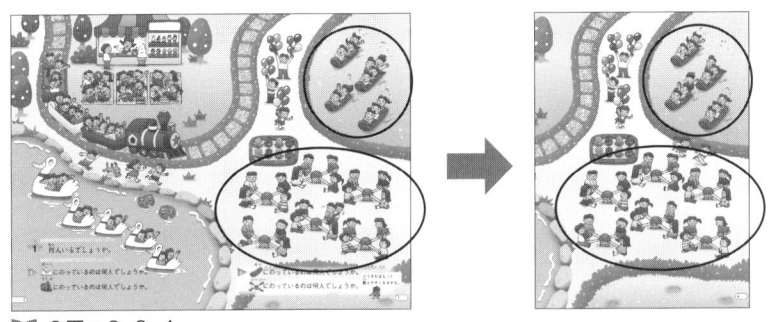

■ 2下p 2, 3, 4

　このような教科書の工夫・意図は十分に読み取れるのですが，教科書は紙に印刷されたメディアですので，どうしても限界があります。同じ数ずつのものは数えやすいと言っても，静止した絵であれば，ひとつ分の数が異なっていても数えることは簡単にできるわけですから，同じ数ずつのものは数えやすいという"よさ"が伝えにくいことは否めません。また，同じ数ずつ数える場合，2ずつ，5ずつのようなまとまりは数えやすくても，それ以外の数のまとまりは，子どもの経験から考えて，それほど数えやすいとは言えませんから，その点でも若干"よさ"が目減りしてしまいます。

　そこで，ここでは，動画などを活用した方法を紹介することにします。

　運動会の競走などの場面で，すべて，同人数ずつ走っている動画と，人数がまちまちな動画を，多少早送りの映像で見せ，全部の人数を求めるような活動

33

です。さらに簡素化したのが，下に示すコンピュータのプレゼンテーションを活用した方法です。

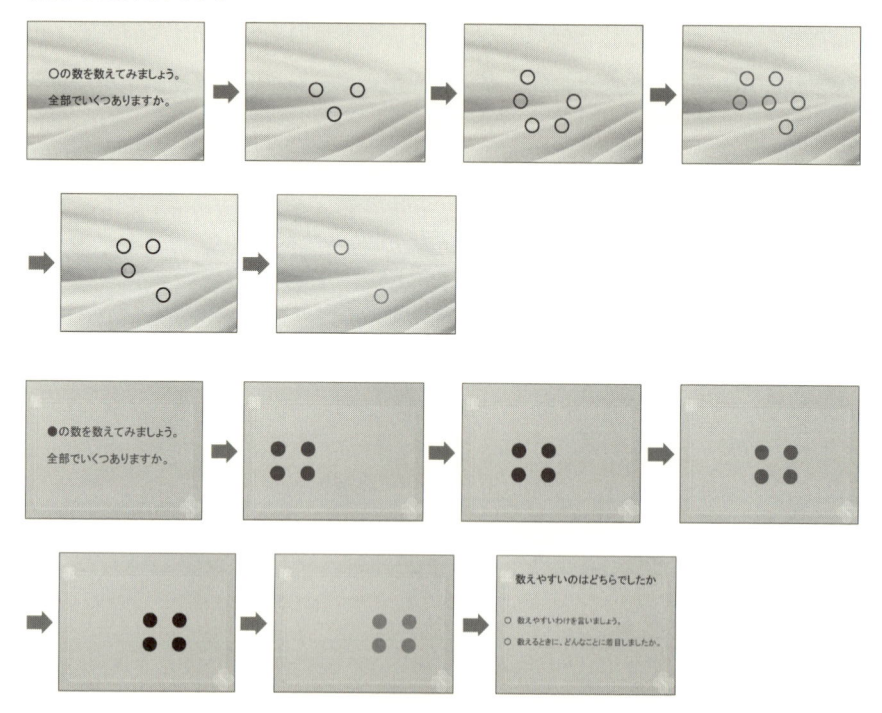

少し早めに画面を切り替えて映写すると，上のひとつ分の大きさが異なる数は数えられませんが，下の4個ずつの画像は，4個ずつ5つ分であることがとらえられるので，全部の数が20ということがわかります。上の画像では数が把握できないが，下の画像では数がわかる理由を話し合わせると，ひとつ分の大きさ決まっているときは，あとはそれがいくつあるかを数えれば，全体の数がとらえられることに容易に気づくことができます。

(3) わり算の意味

わり算は，第3学年の学習内容です。わり算の用いられる場合については，解説書に次のように述べられています。

アイディア6
動きがある図でとらえる かけ算・わり算

解説書

除法が用いられる具体的な場合として，大別すると次の二つがある。

一つは，ある数量がもう一方の数量の幾つ分であるかを求める場合で，包含除と呼ばれるものである。他の一つは，ある数量を等分したときにできる一つ分の大きさを求める場合で，等分除と呼ばれるものである。なお，包含除は，累減の考えに基づく除法ということもできる。例えば，12÷3の意味としては，12個のあめを1人に3個ずつ分ける場合（包含除）と3人に同じ数ずつ分ける場合（等分除）がある。

(以下略・p95)

包含除と等分除についての教科書の扱いは，次のようになっています。

■包含除

問題　　　操作　　　かけ算の逆算

📖 3上 p40, 41, 42

■等分除

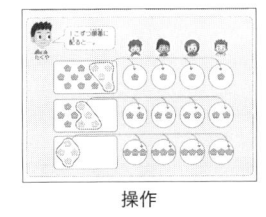

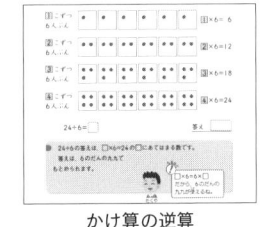

問題　　　操作　　　かけ算の逆算

📖 3下 p43, 44, 46

包含除は，12個のクッキーを4個ずつに分ける場合，等分除は，12個のクッキーを4人で同じ数ずつ分ける場合を取り上げています。提示された場面に合うようにおはじきやブロックを操作したり，図に表したりすることで，それぞれの意味の違いが明確になります。また，同時に，異なる操作や図の中

35

に，例えば等分除の場合に，1回に1個ずつ配ると，1回あたりに配るクッキーの個数は4個ずつになるので，包含除と同じことになることなど，共通点にも気づくことができます。そういう意味で，問題の場面に合う操作をしたり，図に表したりすることは大切なことです。

また，24÷6の答えを見つけるとき，包含除の場合は，6×□＝24，等分除の場合は，□×6＝24の□を求めることになり，いずれにしても既習の6の段の九九を使えばよいことから，包含除も等分除もかけ算の逆算として統合してとらえることができます。

このような統合の考え方は，包含除と等分除というように異なる意味をもっているにもかかわらず，どちらも同じわり算の式で表してよいことを説明するために大切です。

(4) わり算の意味の指導

わり算は，四則計算の中で最後に扱われる計算です。それまでに，子どもたちは，たし算・ひき算，そしてかけ算を学習してきているわけですから，それらの既習の計算についての知識を持ち，計算の方法を考える際の考え方がわかっています。問題を提示された子どもたちは，それらの既習事項を活用して，解決することができるはずです。

「クッキーが12個あります。1袋に4個ずつ入れると，何袋できるでしょうか。」という問題が提示されたとき，すぐに，「4個ずつ袋に入れるのだから，4の段の九九で，答えが12個になるような場合を考えればよい」と発想する子もいるでしょう。また，「図を使って考えてみよう」，「ブロックを使って考えてみよう」という子どももいるはずです。大切なのは，それぞれの子どもが自分なりに既習事項を駆使して取り組むことです。

先に述べたように，具体物の操作や図などで表現する活動はとても大切で，授業の中で触れておきたいことですが，すべての子どもが，同じ思考過程で考えるわけではなく，まず，自力解決の活動を行えるように展開を工夫することが，数学的に考える力を育てる上で大切であることを忘れないようにしたいものです。

> **アイディア 7**
> 拡張の場面設定を
> 工夫しよう

0のかけ算やあまりのあるわり算のように**計算の意味**を**拡張**する場面の指導について考えましょう

研究課題

　第2学年では，同じ数ずつのまとまりがいくつかあるとき，(ひとつ分)×(いくつ分)という式で表すことができるというように，かけ算の意味を説明しました。

　ところが，学年が進み，対象となる数の範囲が広がってくると，それでは説明ができなくなってしまいます。次の〔アイデア8〕で取り上げる小数や分数のかけ算・わり算では，(ひとつ分)×(いくつ分)という説明が成り立たなくなります。計算の意味は，最初は，素朴な基本的な意味で説明されますが，対象となる数範囲に合わせて，意味を拡張していく必要があるのです。

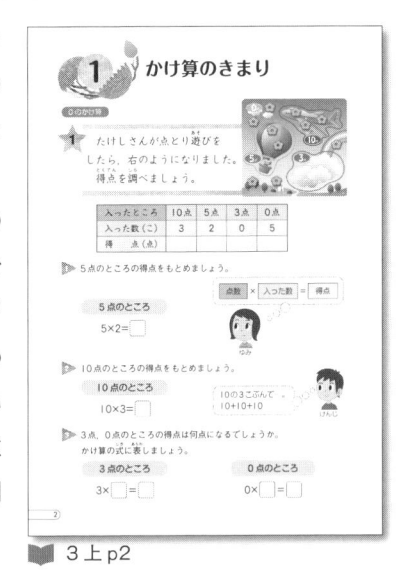

📖 3上 p2

　ここでは,「0をかけるかけ算」と「あまりのあるわり算」の指導について考え，計算の意味の拡張とはどういうことか，その指導はどのようにしたらよいのかについて考えることにしましょう。

> **ここがポイント**
> ① 点取り遊びなどの場面で，0をかける式のよさをとらえる
> ② 既習の場面と対比させて，意味の異同を明確にする

37

(1) かけ算の問題作り

かけ算の学習の中で，かけ算の式を与えてその式にあてはまる問題を作る活動は，意味の理解を図る上で効果的なのでよく取り上げられます。

では，次のかけ算の式になるような問題を考えてみましょう。

① 4×5　　② 5×1　　③ 3×0

①は簡単ですね。第2学年の学習内容ですから，例えば，「4人ずつの班が5班あります。全部で何人でしょう。」などと，2年生でも容易に答えられるでしょう。②もかけ算九九の範囲ですから既習事項です。でも，5の段の九九を学習するときに，5×1，5×2，……と，順に式と絵を並べて示すことはあっても，文章題で1をかける問題を取り上げることはほとんどないので，子どもたちは困惑するかもしれません。文章化するとしたら，「5個ずつケーキが入っている箱があります。この箱が1箱あるとき，ケーキの数は何個でしょう。」というようになるでしょう。文章にしてみたとき，若干の違和感を感じる人がいるかもしれません。

さて，本題は③の問題です。0のかけ算は，かけ算九九の範囲外で，第3学年で学習する内容です。①や②に倣って文章題を作ってみると，「1箱に3個ずつアイスクリームが入ったアイスクリームセットを売っています。ところが，よく売れてしまって，今，そのセットが1箱もありません。このセットのアイスクリームは全部で何個あるでしょう。」ということになりそうです。

でも，これがかけ算の問題であるととらえることには，かなり多くの人が違和感を感じるのではないでしょうか。現在は1箱もないのですから，肝心な「いくつ分」は存在がなく，「ひとつ分」が3個であることを確かめることもできません。②の5×1の場合は，右のような絵で

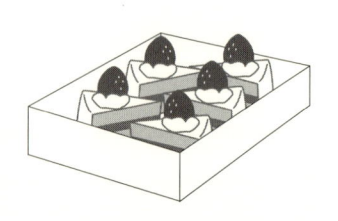

示すこともできますが，③の3×0は，何もない状態なのですから，絵に表すことすらできません。答えが0であることははっきりしているのですが，意味がとらえにくいのです。

(2) 0をかけるかけ算とかけ算の意味の拡張

0のかけ算は，かけ算九九とは別にして，第3学年で改めて取り扱うようになっているのは，この学年で数の範囲を広げて，2・3位数のかけ算を扱い，かけ算の筆算について指導することとの関係もありますが，上述のように，0をかけることの意味をとらえることが難しいということもあるのです。場面を考えれば，積が0になることは，計算をするまでもなく自明のことなのですが，使われる場面が，既習のかけ算の意味からは説明しにくいところが，0のかけ算の学習の困難なところなのです。

解説書に当たってみることにしましょう。次のように述べられています。

> **解説書**
> 「内容の取扱い」の(4)では，「乗数又は被乗数が0の場合の計算についても取り扱うものとする」と示している。例えば，的当てて得点を競うゲームなどで，0点のところに3回入れば，0×3と表すことができる。3点のところに一度も入らなければ，3×0と表すことができる。0×3の答えは，実際の場面の意味から考えたり，乗法の意味に戻って0+0+0＝0と求めたりする。また3×0の答えは，具体的な場面から0と考えたり，乗法のきまりを使って3×3＝9，3×2＝6，3×1＝3と並べると積が3ずつ減っていることから，3×0＝0と求めることができることに気付くようにする。また，こうした0の乗法は，30×86や54×60のような計算の場合にも活用される。
>
> (p93)

解説書では，「内容の取扱い」に示されている0のかけ算について，"的当て得点ゲーム"などの場面で取扱う例を示しています。教科書の内容は，この記述に合致した扱いになっています。解説書の記述や，教科書に示された内容の

ように、点取り遊びなどの場面を設定すると、「3点のところに一度も入らない」というような具体的な場面に出会うことができます。「5点のところに2回入ったとき」の得点は5×2の式で表されますから、それに倣って、「3点のところに一度も入らない」場合を式で表そうとすると、その式は3×0になることがよく理解できるでしょう。また、3×0という式に表すと、3点のところに1つも入らなかったという具体的な意味を表現することができます。このようにして0のかけ算の意味を学ぶことで、かけ算の式の意味がより深く理解できたことになるのです。

第2学年では、かけ算の意味として、ア（ひとつ分の大きさ）×（いくつ分）イ同数累加 ウ（ひとつ分の大きさ）×（何倍）というとらえ方をすることを学習しています。0をかけるかけ算では、いくつ分が0なのですから、イの同数累加では説明することができません。また、アやウのようなとらえ方でも、かけ算九九の範囲では図に表してその意味をとらえることもできたわけですが、「いくつ分」が0となると、図に表して意味をとらえることができません。「いくつ分」や「何倍」が0という場面は想定外のことであったわけです。0のかけ算を学習することによって、アの場合の「いくつ分」、ウの場合の「何倍」が、0になる場合もあるということがわかり、そのような場合を含めたより広い意味として、かけ算の意味のとらえ直しをしたわけです。これが、計算の意味の拡張ということなのです。

意味を拡張する場面では、これまでとらえていた場面と新たな場面とを対比して、共通点と相違点を明確にすることが必要になります。(1)で、3×0の作問例を挙げましたが、3個ずつアイスクリームが入っている箱が何箱かあったことを示唆する文面になっています。売り切れになる前は、確かに、3の段の九九が使える場面であることがわかるような設定をしているので、箱が0になったときでも、ひとつ分の大きさ3に、いくつ分に当たる箱の数0をかけれ

アイディア7
拡張の場面設定を工夫しよう

ばよいだろうと考えられるようになっています。点取り遊びは、その共通性がより明確にとらえられるところが、教材として優れた点なのです。

(3) あまりのあるわり算とわり算の意味の拡張

わり算も、かけ算と同様、対象となる数の範囲を広げる場面で意味の拡張が図られます。あまりのあるわり算もその1つです。

あまりのあるわり算の教材として、教科書ではあまりのない、既習のわり算の問題と並列して問題を提示することが多いようです。このようにすることで、これまでとらえてきたわり算の場面と対比させ、意味の異同を明確にすることができるようになります。

右の教科書の場合だと、20個のみかんを1袋に5個ずつ入れる場合は、式は20÷5＝4で、答えは4袋です。答えを求める際には、5の段の九九を使い、5×□＝20となる□を見つけました。

りんごが17個の場合でも、個数が異なるだけで問題の構造は全く変わっていませんから、式は17÷5としてよいのではないかと考えることができます。また、答えを求める計算はわる数5の段の九九を使って、5×□＝17となる□を見つければよいだろうと考えられます。

ところが17÷5のわり算は、20÷5の場合と違って5の段の九九を使って調べても、ぴったり17になることがないのです。そこで、そのことをどう考えればよいだろうかという課題が明確になるのです。

りんご5個入りの袋は、4つにはならず3袋しかできません。ですから、問

▶ 3上 p75

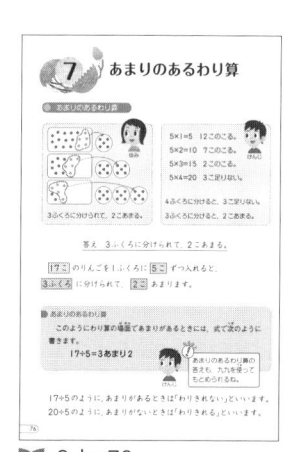

▶ 3上 p76

題の答えは3袋です。でも，17÷5＝3とするのは，5×3が17ではないので釈然としません。5個入りの袋が3袋しかできないので，袋に入らないりんごが2個あまっています。あまりをどう処理すべきかということも問題です。また，わりきれる場合は，答えが1つに決まっていましたから何も疑いを持たなかったのですが，あまりが出ることを考えるなら，5個ずつ2つの袋に入れて7個あまることだってあるのではないかと考えることもできます。

そういった様々なことがらについて検討して，結果として下の解説書の記述のようにわり算の意味を拡張することになります。

> **解説書**
>
> また，余りのある場合，例えば「13枚のカードを4人に同じ枚数ずつ分ける」場面や「13枚のカードを1人に4枚ずつあげる」場面で，13÷4は□×4や4×□が13以下で13に近くなるときの整数□とそのときの余りを求めること，つまり整数の除法13÷4は，カードを分ける操作で最大の回数を求めることに当たっていること，そしてそのときの余りの大きさは除数よりも小さくならなければならないことなどについて理解できるようにする。
>
> (p96：下線は筆者による)

(4) 計算の意味の拡張の授業の工夫

これまで調べてきたことをまとめると，次のような点が大切であることがわかります。
① これまでのかけ算やわり算の意味の説明では，説明できない場合があることがとらえられるような課題設定をする。
② 既習のかけ算・わり算の問題と対比させながら，0のかけ算やあまりのあるわり算の計算の意味を考えさせるようにし，異同を明確にする。
③ 式から具体的な場面を読む活動などを通して，これまでと同じ式で表すとどのようなことがよいのかを感じられるようにする。

アイディア **8**
数直線を
活用しよう

小数(分数)のかけ算・わり算の意味の指導はどのようにしたらよいか考えましょう

研究課題

〔アイディア7〕で,計算の意味の拡張について述べましたが,小数や分数のかけ算・わり算は,意味の拡張が必要であるために,子どもたちにとっては難しい内容です。このことは,各種の学力調査の結果からもよくわかります。小数や分数のかけ算・わり算の意味の指導を工夫することは,算数嫌いの子どもをつくらないためのポイントとなるところです。

小数や分数のかけ算・わり算の意味を表すモデルとして数直線が使われますが,この数直線の使い方についての指導も大切な視点になっています。

ここでは,小数のかけ算・わり算の意味の拡張について調べ,数直線の使い方について考えましょう。

5上 p9

ここがポイント

① 問題文に合わせて数直線に数量を目盛り,2つの数量の対応関係が目に見えるようにする
② 数直線から2つの数量の比例関係をとらえてかけ算の式を立てる

(1) 小数をかけるかけ算の意味

　43ページの教科書にある，1mの値段が80円のリボン2.3mの代金を求める場合にどのような式を立てればよいでしょうか。リボンの長さが，2m，3mのような整数の場合であれば，80×2，80×3と立式してよいことははっきりしています。80円の2つ分，3つ分と考えれば，かけ算の定義にあてはまっていますし，80+80あるいは80+80+80と，同数累加の式で表すこともできます。ところが，リボンの長さが2.3mの場合は，そうはいきません。長さが小数ですから，同数累加の式では表すことができませんし，「いくつ分」の大きさを考えたとき，2.3個分というのでは意味がよくわかりません。

　問題文の文脈を考えると，リボンの長さが2mや3mの場合と全く同じですから，そのときの式と同じように，80×2.3というかけ算の式で表してよいようには思えますが，これまで学習してきた，同数累加や(ひとつ分)×(いくつ分)というかけ算の意味に当てはまっていることが説明できないのです。

　このようなときに，計算の意味をより一般的な意味に拡張して，数の範囲が広がっても，同じ文脈の場合は同じ式が成り立つようにするというのが，算数の学習の進め方です。このことは〔アイディア7〕で，0のかけ算やあまりのあるわり算を例にして述べてきました。

　小数をかけるかけ算の意味について，学習指導要領には次のように示されています。

> **指導要領**
>
> (3) 小数の乗法及び除法の意味についての理解を深め，それらを用いることができるようにする。
>
> 　ア　乗数や除数が整数である場合の計算の考え方を基にして，乗数や除数が小数である場合の乗法及び除法の意味について理解すること。
>
> 　　　　　　　（〔第5学年〕2内容　A数と計算より：下線は筆者による）

> **アイディア8**
> 数直線を活用しよう

また、解説書では、次のように説明しています。

解説書

　整数の乗法については、「一つ分の大きさが決まっているときに、その幾つ分かを求める」、「何倍かに当たる大きさを求めたりする」などの場合に用いる。第5学年では、乗法を乗数が小数の場合にも用いることができるようにしたり、除法との関係も考えて、<u>より広い場面や意味に用いることができるようにしたりして一般化していく。その際、数量関係を表している文脈が同じときには、整数の場合に成り立つ式の形は、小数の場合にもそのまま使えるようにする。</u>(中略)

　こうしたことから、整数や小数の乗法の意味は、Bを「基準にする大きさ」、Pを「割合」、Aを「割合に当たる大きさ」とするとき、B×P＝Aと表せる。数直線を用いることによって乗数Pが1より小さい場合、積は被乗数Bより小さくなることも説明できる。

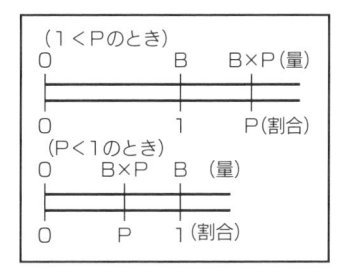

```
(1＜Pのとき)
0          B      B×P (量)
0                 1   P (割合)
(P＜1のとき)
0     B×P   B       (量)
0      P    1       (割合)
```

(p143：下線は筆者による)

　ここで大切なのは、第一に「数量関係を表している文脈が同じときには、同じ式が使えるようにする」という考え方です。計算の対象となる数の範囲を広げ、計算の意味を拡張する場合の原理となることがらです。したがって、小数の計算をするという新しい課題の解決に際して、既習の整数の計算と対比させて考えることが不可欠であることがわかります。

　大切なことの第二は、割合の考えを用いることです。整数の計算のときのように「ひとつ分」「いくつ分」という説明ができない場面ですから、説明のための新しい概念が必要です。それが、「割合」なのです。「ひとつ分」の代わりに「基準にする大きさ」、「いくつ分」の代わりに「割合」という概念を用いることで、小数のかけ算の意味を説明することができます。

　「割合」を説明するために「倍」という言葉が使われます。「倍」については、第2学年から順次学習しており、第4学年では小数倍について学習しています。

「割合」の意味を明確にするための手段として，数直線を用いることが効果的です。数直線は，もともと，実数を表すモデルですから，リボンの長さのような連続量に対応することができます。また，2本の数直線を並べて表すことは，問題文にある2つの数量の比例関係を表すのに有効です。もちろん，整数の場合の「ひとつ分」「いくつ分」の考え方や同数累加の考え方を含めて説明することができます。

(2) 小数でわるわり算の意味

わり算は，かけ算の逆算として定義されますから，上述のようにして，かけ算の構造を読み取ることができれば，わり算の式は正しく立てられるはずです。整数の場合と同じように，現実の具体的な意味に基づいてわり算の意味をとらえると，解説書に述べられているように，次の2つの意味が考えられます。

> **解説書**
>
> Bを「基準にする大きさ」，Pを「割合」，Aを「割合に当たる大きさ」とすると，
> ① P＝A÷B
> これは，AはBの何倍であるかを求める考えであり，除法の意味としては，Pが整数の場合には，いわゆる包含除の考えに当たる。例えば，「9メートルの赤いリボンは，1.8メートルの青いリボンの何倍になるか」という場合である。式は，9÷1.8となる。
> ② B＝A÷P
> これは，基準にする大きさを求める考えであり，除法の意味としては，Pが整数の場合には，いわゆる等分除の考えに当たる。例えば，「2.5メートルで200円の布は，1メートルではいくらになるか」という場合である。式は，200÷2.5となる。
>
> (p144)

整数の場合の包含除や等分除は，具体物を操作したり図に表したりすることで具体的な意味をとらえることができますが，数値が小数になると，そのような意味をとらえることが難しくなります。特に②は，1に当たる大きさ（基準

にする大きさ)を求めているという見方に一般化することの難しさがあります。

(3) 演算決定の根拠

　演算決定とは，文章題について，何算になるかを判断することです。式を立てる活動と言ってもよいでしょう。その判断の根拠，つまり，式の意味の説明のしかたとしては，次の３つの方法が代表的なものです。

① 問題文の数値を，整数などの簡単な数値に置き換えて，そのとき何算になるのかを考え，そのことを根拠として式を立てる。
② 公式（ことばの式）を想起して，それに当てはまる式を立てる。
③ 問題文の数量の関係を数直線などのモデルに表し，それを根拠にして式を立てる。

　どの方法が適切かということは，問題によって判断が分かれるところですが，かけ算やわり算の計算の意味を明確に表現し，さらに，それを根拠に計算のしかたを考えることもできるという意味で，数直線に表す方法は優れています。解説書や教科書にも必ず取り上げられている方法ですから，演算決定の際の技能として，数直線を使いこなせるようにしておくことが，計算の意味の理解を深める上で大切であると思われます。

(4) 数直線のかき方・使い方

　数直線は，数値が小数や分数などで表される連続量になったときに効果を発揮するので，第５・６学年の教科書には必ず登場します。しかし，小数の計算の演算決定の根拠として数直線を使うためには，それ以前から，数量の関係を数直線に表したり，数直線をもとにして立式したりする経験を積んでおくことが必要です。かけ算やわり算の学習が本格的になる第３・４学年のときから，数直線で数量の関係を表し，式の意味を説明する活動を取り入れて，系統的に指導することが肝要です。

　数直線の指導は，①数量の関係を数直線で表す，②数直線をもとにしてかけ算の式を立てる，これらの２つのことが大切です。わり算は，かけ算の逆算で

すから，かけ算の式をもとにして考えることにします。
　以下，第5学年の小数同士のわり算の場面で，どのように数直線をかき，どのように式を立てるかという手順を紹介します。

● 数直線のかき方・使い方

＜問題＞
3.5 mの重さが4.2kgのぼうがあります。
このぼう1 mの重さは何kgでしょうか。

① どんな数量に関する問題なのかを読み取って，2本の直線で2つの数量を表す。

② 1に当たる数量を読み取って数直線上に目盛り，続いて問題文にある数量を，数量の大きさや対応関係に着目して数直線上に目盛る。

③ 数直線から数量の関係をとらえて，かけ算の式で表す。

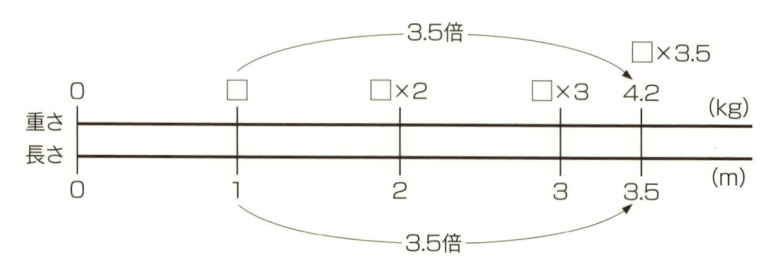

⇒ □×3.5 = 4.2
⇒ □ = 4.2 ÷ 3.5

アイディア
10のまとまりに目をつけよう

繰り上がりや繰り下がりのあるたし算・ひき算の計算で大切なことは何かを考えましょう

研究課題

　第1学年のたし算・ひき算の学習は，まず，3＋2や5－3のような，繰り上がりや繰り下がりのない計算から始められます。これらの計算は，右の図のようにたし算やひき算の意味に基づき，数えて答えを見つけます。

　9＋3や12－9のように，繰り上がりや繰り下がりのある計算では，10をつくったり，10からひいたりする数の操作による方法が大切になります。"計算らしい計算"の第一歩と言えます。

　ここでは，繰り上がりや繰り下がりの計算の指導で大切なことは何かを調べ，計算力の基礎を育てる指導のあり方について考えましょう。

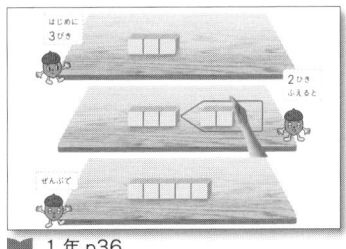

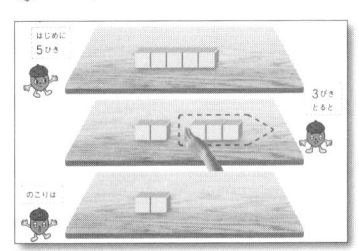

▍1年 p36

▍1年 p48

ここがポイント

① 「10といくつ」と数を見る
② 数の合成・分解をもとにして数を柔軟に見る
③ 具体物を操作したり図や式などに表したりして計算のしかたを表現する

(1) 計算のしかたを考えるということ

〔アイディア５〕で，計算については，①計算の意味　②計算の方法　③計算の習熟　という３つのことがらを学習すると述べました。これからの〔アイディア９～12〕では，そのうちの計算の方法について考えていきます。

３＋２というたし算の計算をどのように行うのかというと，49ページの教科書の絵のように，３個のものに２個のものを加えて，全部の個数を数えることによって和が５であることを導きます。この絵のように，ブロックを操作して答えを見い出すこともあるでしょうし，図をかいて答えを見つける場合もあるでしょうが，多くの場合は頭の中に場面を思い浮かべて，答えを見つけてしまうのだろうと思います。いずれにしても，これは「共通する要素のない２つの集合の要素の個数から，その２つを１つに統合した集合の要素の個数を求める」というたし算の意味に基づいた答えの求め方になっています。このような方法を「数えたし」と言っていますが，繰り上がりのない３＋２などのたし算の計算は，数えたしの方法で答えを見つけることが普通です。

同様に，５－３のような繰り下がりのないひき算では，５個のものから３個を取り去った残りの数を数えるという「数えひき」によって答えを求めます。「数えたし」も「数えひき」も，計算の意味に基づく計算の方法であると言うことができます。

計算の方法を考えるとき，何をもとにして考えるのかというと，第一に大切なのは計算の意味です。意味に合うように考えなければ，正しい結論が得られないことは当然ですから，計算の意味は何よりも大切な基盤です。

第二は数の見方です。計算は数を操作して答えを得る活動であると言えますから，数のしくみの理解や数を多様に見ることができる数の感覚などが大切な要素になります。第１学年の始めに扱われている数の合成・分解の活動は，整数の構成的なとらえ方を身に付ける意味でも，繰り上がりや繰り下がりの理解の素地という意味でも大切です。十分身に付けさせておきたいものです。

第三は，計算のきまり（計算法則）や計算の性質等についての知識です。計

アイディア9
10のまとまりに目をつけよう

算の処理の過程では，計算のきまりや計算の性質にもとづく様々な活動が行われます。

計算のしかたを考える学習では，子ども自身がこのような点に着目して，主体的に考えを進めていくことができるようにしたいわけです。

(2) 繰り上がりのあるたし算の計算のしかた

9＋4の計算を例にして考えると，次のような方法が考えられます。

①数えたし(1)

○ ○ ○ ○ ○ ○ ○ ○ ○ ● ● ● ●
1 2 3 4 5 6 7 8 9 10 11 12 13

②数えたし(2)

○ ○ ○ ○ ○ ○ ○ ○ ○ ● ● ● ●
　　　　　　　　　　9 10 11 12 13

（9までの個数はわかっているので，その先を数える）

③十をつくる考え

○ ○ ○ ○ ○ ○ ○ ○ ○ ● 　● ● ●
　　　　　　　　9と1で10　　10と3で13

数えたしの方法は，繰り上がりのないたし算のところで述べたように，9個のものと4個のものを合わせた個数を数えるという，たし算の意味に基づく方法です。その方法を基盤として数え方を工夫することを考えると，③のように9に1をたして10をつくり，あと残りを数えると，10といくつという形になって，答えがわかるということに気づいていきます。

そのことを実際の授業の様子からとらえてみましょう。

＜問題＞
おにいさんは　どんぐりを　9こ　ひろいました。
いもうとは　4こ　ひろいました。
あわせて　なんこの　どんぐりを　ひろったでしょう。

式が9＋4になることを確認した後に，9＋4の計算のしかたを考えます。

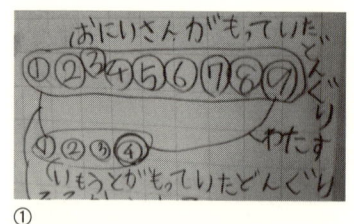

左①のノートからは，子どもはまず問題文にあるとおり，兄の9個のどんぐりと妹の4個のどんぐりを表した後，全部のどんぐりの数を数えるために，妹の分を兄の分に加えながら数える考え方をしていることが読み取れます。また，単に数えたすだけでなく，妹の分のうちの1個を兄のところに加えて，10をつくっていることも読み取れます。

②のノートでは，10をつくる考えを言葉と式で表現しています。これを見ても，最初は9と4と見ていた数を，9に1を加えることによって，10と3に見直していることが読み取れます。

このように，具体物の操作や図などを使って表現する活動を行うことによって，10をつくることで答えが見い出せるという，数の見方・数の操作の考え方に気づいていくことが大切です。

(3) 加数分解と被加数分解

9＋4のような場合には，たす数（加数）の4を1と3に分解して，9＋1＝10，10＋3＝13と計算することが一般的ですが，繰り上がりのあるたし算では，加数を分解する方法と被加数を分解する方法との2つの方法が考えられます。右の図のように，この教科書では，両方の方法を取り上げています。いずれにしても，子ども自身が10をつくることに着目して，10とあといくつと見る繰り上がりのある計算のしかたをつくりだしていくように指導をすることが大切です。

1年p101

> アイディア9
> 10のまとまりに
> 目をつけよう

(4) 繰り下がりのあるひき算の計算の考え方

12－9の計算を例にすると，次のような方法が考えられます。

① 数えひき

　　○　○　○　⊘　⊘　⊘　⊘　⊘　⊘　　⊘　⊘
　　　　　　　9　8　7　6　5　4　3　　2　1
　　　　数えながら9をひく　残った数（3）を数える

② 減加法

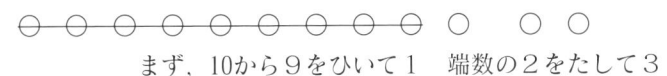

　　○─○─○─○─○─○─○─○─○─○　○　　○　○
　　　　まず，10から9をひいて1　　端数の2をたして3

③ 減々法

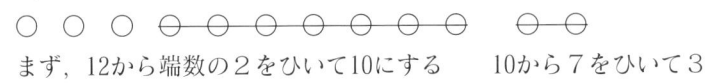

　　○　○　○　○─○─○─○─○─○─○　　○─○
　　　　まず，12から端数の2をひいて10にする　　10から7をひいて3

12－9の場合，12を10と2と見るのは，減加法も減々法も同じです。そのうちの10から9をひいた残りに，端数の2をたして3と求める方法が減加法です。まず，ひき算をして，次にたし算をするので，このように名付けられています。それに対して，端数の2を先にひいてしまい，被減数を10にして，10から減数のうちまだひいていない7をひくというのが減々法です。ひき算を2回行うことになるので，このような名前が付いています。

減加法は，お金を12円持っていて9円の品物を買ったときに，10円玉を出して1円おつりをもらうというような，買い物の場面などで説明することができます。減々法は，図などに表して計算を考えるとき，まず端数から処理していこうという，数えひきの感覚に近い方法です。

減加法は，いつでも10から減数をひくので紛れようもありませんが，減々法の場合は，最初に端数をひくことによって2回目にひく数が変わってしまうので，筆算のように形式的に処理を進める場合には，処理のしかたを形式化しやすい減加法の方が向いていると考えられます。教科書などでは，減加法を中心に指導するように構成されています。解説書には，「どちらを主として指導す

るかは，数の大きさに従い柔軟に対応できるようにすることを原則とするが，児童の実態に合わせて指導することが大切である。(p60)」と述べられています。

減加法と減々法を式で表すと，12－9の場合，

　　(10－9)＋2……減加法　　(12－2)－7……減々法

となります。

　これまで，ひき算の計算について求残の場面で考えてきましたが，ひき算には求差の場面もあります。もちろん，求差の場面であっても，その計算のしかたは減加法や減々法で説明することができるので，それでもよいのですが，求差の意味を生かした方法として，次のような計算の方法も考えられます。

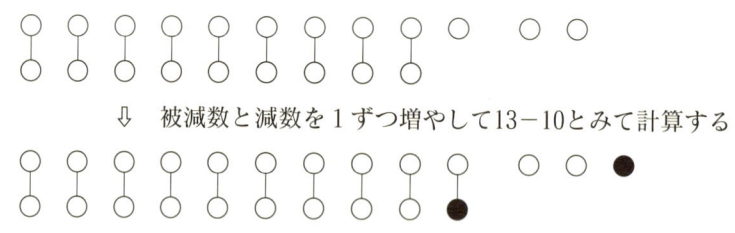

　　⇩　被減数と減数を1ずつ増やして13－10とみて計算する

　この方法は，被減数と減数に同じ数を加えたりひいたりしても差は変わらないというひき算の性質に基づいています。具体物を操作したり，図に表したりする活動を行う中で考えられる方法です。子どもから自然に出てくる考え方ではないかもしれませんが，このような方法に触れることで，いろいろな考え方ができることのおもしろさを伝えられればよいと思います。

(5) 計算の習熟

　子どもの中には，12－9の計算の考え方として，12を9と3に分け，9をひいて答えの3を見つけたと説明する子もいます。数の感覚が育ってくると，このような数の見方もできるようになります。1位数と1位数のたし算とその逆のひき算は，計算の基礎中の基礎で，様々な計算の過程で活用する内容ですから，最終的には，かけ算九九と同じように暗記して，たちどころに使うことができるようになるまで習熟を図るようにしたいことがらです。その土台となるのが，数を他の数の和や差として見る，数の合成・分解についての理解です。

> アイディア 10
> わり算は
> やり直しの計算
> と考えよう

わり算が難しい理由を調べ
苦手意識を克服するための工夫を考えましょう

研究課題

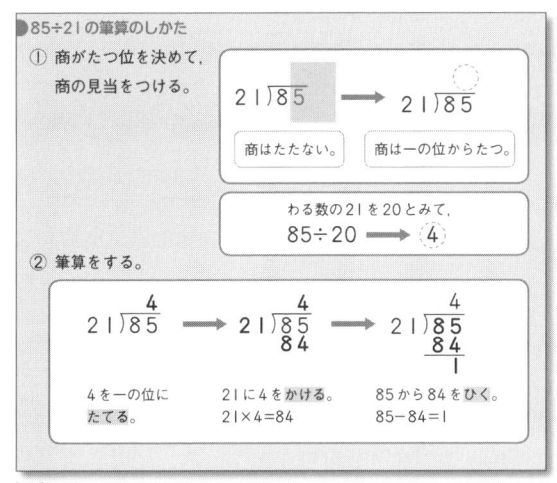

```
●85÷21の筆算のしかた
① 商がたつ位を決めて，
  商の見当をつける。
        21)85  →  21)85
        [商はたたない。] [商は一の位からたつ。]

        わる数の21を20とみて，
        85÷20  →  ④

② 筆算をする。
         4            4           4
      21)85  →  21)85  →  21)85
                    84          84
                                 1
      4を一の位に   21に4をかける。  85から84をひく。
      たてる。      21×4=84       85－84=1
```

▶ 4上 p57

　加減乗除の四則計算の中で，わり算は難しい計算と言われています。苦手意識を持つ子どもも多く，算数嫌いの原因の１つにも挙げられます。
　なぜわり算は難しいのかということについて調べ，苦手意識を克服するための指導の工夫について考えましょう。

ここがポイント

① わり算は，やり直し（試行接近）の計算であると考える
② わり算は，かけ算とひき算でできる計算であると考える
③ わり算の計算には，時間をかけてよいと考える

(1) わり算の計算の特徴

まず，四則計算の筆算のしかたを比べてみましょう。わり算だけが，たし算・ひき算・かけ算の筆算のしかたと形式が異なっていることがよくわかるでしょう。

```
   たし算        ひき算        かけ算           わり算
    85           85           85               4
   +21          -21          ×21         21)85
   ---          ---          ---              84
   106           64           85              ---
                            170                1
                           ----
                           1785
```

たし算，ひき算，かけ算は，計算する2つの数を位をそろえて書き，一の位から順に計算しています。わり算は，被除数と除数の位はそろっていませんし，計算するのは一の位からではなく上の位から始めます。また，たし算，ひき算，かけ算では，筆算の過程で行う位ごとの計算も，それぞれ，たし算，ひき算，かけ算をしています。しかし，わり算の筆算の過程ではわり算をしているわけではなく，かけ算やひき算が行われているのです。筆算形式を比べてみただけでも，わり算が，たし算，ひき算，かけ算の計算とはしくみの異なる計算であることがわかります。

(2) 「たてる」「かける」「ひく」「おろす」の意味

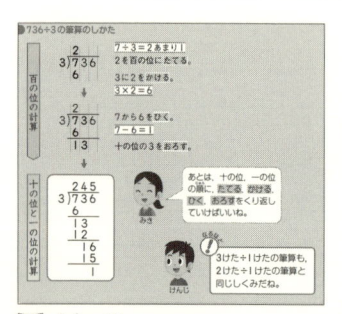

左の図のように，わり算の計算では「たてる」「かける」「ひく」「おろす」という手順を繰り返します。この「たてる」「かける」「ひく」「おろす」というのは，どういう意味のことがらなのでしょうか。

「たてる」というのは，商の見積りをするということです。見積りというのは見当をつけるということで，必ずその数が正しいかというとそうではなく，その数になりそ

> アイディア10
> わり算は
> やり直しの計算と
> 考えよう

うだと予想することなのです。見積りによって立てた商のことを,「仮商」と呼ぶことがありますが,立てた商が正しいのかどうかを確かめる必要があり,違っているときは修正する必要があるということなのです。

「かける」というのは,言葉のとおりかけ算をすることです。立てた商(仮商)と除数とをかけるのですが,これは,仮商が正しいかどうかという確かめの活動なのです。わり算はかけ算の逆算で,a×x＝bやx×a＝bのxを求めることになります。この式の,aが除数,bが被除数,xが商ですから,商と除数をかけた数が被除数になっているかどうかを確かめるのです。これが,わり算で行う「かける」の意味なのです。

「ひく」というのも言葉のとおりひき算をすることです。どんなひき算かというと,被除数から「かける」で行ったかけ算の積をひくのです。これはあまりを求めている計算で,あまりが除数より大きくなっていないかどうかを確かめているのです。あまりのあるわり算の定義をしたとき,あまりの大きさが除数より小さくなるように商を立てることを条件としました。ですからあまりが除数より大きい場合は,商が正しい値より小さかったことがわかるわけです。このように,「ひく」は,あまりの大きさを確かめる計算なのです。

「おろす」は上の位のあまりを,次の位の計算に使うための手立てです。

わり算の計算の手順を調べてみると,わり算の計算ではわり算を行うのではなく,見積り(「たてる」)と,その見積りが正しいかどうかを確かめる活動(「かける」「ひく」)が繰り返されていることがわかります。

このことは,わり算の計算は,たし算,ひき算,かけ算のように手順どおりに計算を進めていくと,自然と正しい答えが得られる計算ではなく,正しいかどうかわからない商を仮りに立てておいて,確かめの計算(かけ算とひき算)をして,立てた商が正しくなかった場合には修正するという,試行接近の計算であるということを意味しています。

やり直しの計算

ですから,子どもたちには,「わり算は,やり直しの

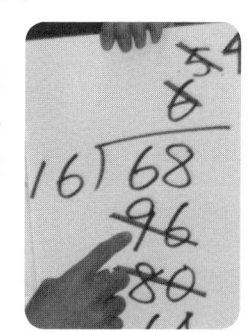

計算なのだ。商が正しくないこともある。違っていてもよい。違っていたらやり直すことが大切なのだ。」というように，他の計算とは異なる意識でわり算の計算に臨むようにさせることが大切なのです。

また，やり直し（試行接近）が重要な意味を持っているわけですから，振り返りながら前進することが大切で，自ずと時間がかかることも理解しておく必要があります。計算では，"速く・正確に"ということが大切ですが，そればかりが強調されると，わり算の計算で必要な考え方がおろそかになってしまう心配があります。見積りの精度を上げる工夫を考えさせるなど，わり算のポイントをはずさないで，"速く・正確に"を追究させたいと考えます。

(3) 上の位から計算することの意味

たし算，ひき算，かけ算が一の位から計算するのは，上の位から計算を始めると，計算の途中に繰り上がりや繰り下がりの計算が出たときに，その都度答えを修正する必要が生じてしまうからです。その修正をめんどうと思わなければ，上の位から計算してもかまわないのです。上の位から計算することのよいところは，最初に，答えの大まかな見積りができることです。日常生活の場面では，細かい一の位の計算より，およそどれくらいの値になるのかを判断することの方が大切であることが多いと思われます。わり算は，「たてる」（見積り）から始まる計算ですから，上の位から計算するのですが，日常生活に計算を活用する観点から考えると，理にかなっているとも言えるのです。

ところが，上の位から計算するとなると，最初の計算は被除数をどこの位まで対象としたらよいのかということや，商がどこの位から立つのかということを，自分で判断しなければならないことになります。他の計算は何も考えなくても，一の位から順に計算すればよいと決まっていたのですから，このことは，子どもにとって大きな壁になります。

55ページに載せた教科書のように，下の位を隠しておき，隠す位を右にずらしながら，どこの位から商が立つのかを考えるようにするなどの方法を指導することも大切になるでしょう。

アイディア **11**

既習の整数の
計算に置き換えて
考えよう

小数のかけ算・わり算の計算のしかたはどのように考えると見つけられるでしょうか

(研究課題)

　小数のかけ算・わり算は，計算の意味をとらえることがむずかしいので，その意味に基づいて計算のしかたを考えることもむずかしい内容であると思われます。とりわけ，小数点をどのように考えて処理すればよいのかということは，初めて小数の計算に出会ったときのやっかいな問題でしょう。

　ここでは，既習の整数のかけ算・わり算や小数のかけ算・わり算の意味をもとにして，小数のかけ算・わり算の計算のしかたを，子どもたちがつくりだしていくための指導のあり方について考えましょう。

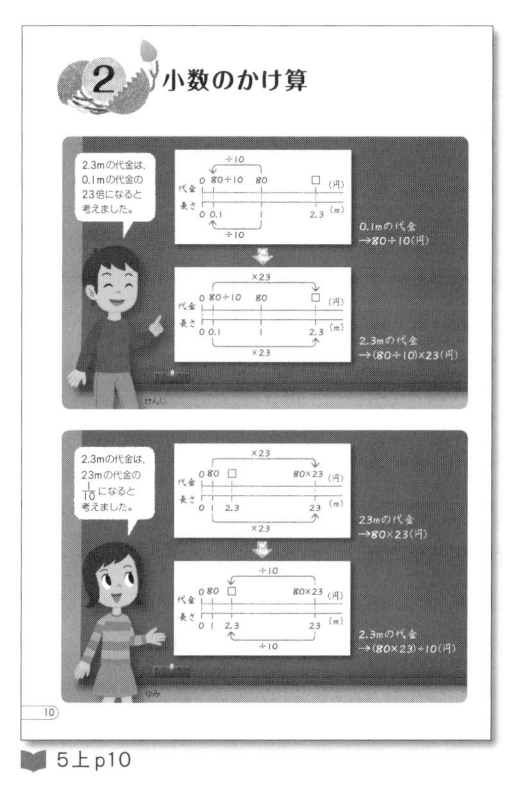

📖 5上 p10

ここがポイント

① 既習の整数のかけ算・わり算の計算を土台にして考える
② 計算の意味を表すために用いた数直線を活用して考える
③ かけ算やわり算の計算のきまりに基づいて考える

(1) 計算のしかたをつくりだすための原則

"計算のしかたをつくりだす"というテーマに限らず，算数・数学で大切なことは，既習のことがらをもとにして考えるということです。したがって，小数のかけ算・わり算の計算のしかたは，既習の整数のかけ算・わり算や小数のかけ算・わり算の意味をもとにして考えることになります。

〔アイディア9〕で，計算のしかたを考えるときの視点として，①計算の意味　②数のしくみ　③計算のきまり　が大切であると述べました。これらの視点で，小数のかけ算・わり算をとらえ，既習の整数のかけ算・わり算に帰着させて処理することで，計算のしかたをつくりだすことができると考えられます。

(2) 小数のかけ算を整数のかけ算と見るために

59ページの教科書の導入問題が"80×2.3"という問題なので，ここでは，80×2.3という整数×小数の計算を例にして考えることにしましょう。

まず，既習事項が何であったかを考えると，第4学年で小数×整数の計算について学んでいます。「小数の計算」という範囲で考えると，小数＋小数や小数－小数の計算も既習です。また，「かけ算」という範囲で考えると，整数×整数も既習です。

最も関係が深いと思われる小数×整数の計算では，右のように考えて計算しました。

0.1を単位として被乗数1.2を12と見て，12×7という整数のかけ算に置き換える考え方や，1.2×7の被乗数1.2を10倍して，12×7という整数の計算に置き換えてとらえたりする考え方が示されています。前者は，小数のしくみに基づく考え方，後者は計算のきまりに基づく考え方と言ってよいでしょう。

これに倣って80×2.3の計算のしかたを考えることにします。

まず，2.3という小数を，そのしくみに基づいて0.1の23個分と考える方法です。すると，乗数2.3は0.1の23個分なので80×0.1の23倍と見ることがで

き，80×0.1は80÷10なので，結局，80×2.3＝80÷10×23という整数の計算だけで処理することができます。

次に，80×2.3の乗数を10倍して，80×23という整数の計算に置き換える方法です。この場合は小数×整数の場合と同様で，乗数を10倍すると積が10倍になるので，80×23の積を10でわればよいと考えます。

このように，既習の小数×整数のときの考えと同じ考え方で，新しい課題である整数×小数の計算を整数の計算に帰着させて処理することができます。

(3) 数直線に表すことで計算のしかたの考え方を明確にする

59ページの教科書の説明を見てください。この教科書では，数直線を使って，計算のしかたの考え方を説明しています。上の絵は，乗数2.3を0.1を単位として23と見る考え方の説明で，下の絵は，2.3を10倍して，80×23と見て計算して，10でわる考え方の説明です。このように，図に表すことでそれぞれの考え方の意味がよくわかります。また，この数直線の図は，80×2.3というかけ算の計算の意味を表す図をもとにしたものですから，もとの問題の意味に合致していて確かな説明になっていることもわかります。

このように，小数のかけ算の計算のしかたを考える場面では，計算の意味，数のしくみ，計算のきまりに基づいた説明がなされていることがよくわかります。

(4) 小数のかけ算の筆算と計算のきまり

小数のかけ算では，小数点の処理が大きな問題です。整数のかけ算と見るために，乗数や被乗数の小数を10倍・100倍して整数化することが必要です。小数×小数の計算では，被乗数と乗数を整数にして計算し，出てきた積を10でわったり，100でわったりして処理することが行われますが，そのようにしてよい理由が，左にあげ

た図で説明されています。

このように，高学年の段階では，計算のきまりを使った説明が有効であることが多くなります。

⑸ 小数のわり算の場合の考え方

わり算は，かけ算の考え方と同様に考えていくことが多いのですが，計算のきまりに関しては，わり算特有のきまりがあります。そのことを確認しながら，小数のわり算の計算のしかたについて考えてみたいと思います。

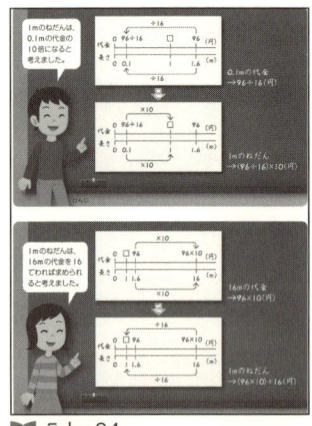

左の上図では，小数でわる計算の場合も，かけ算の場合と同様除数を整数と見るために，0.1を単位として考える方法と，除数を10倍して整数にしてしまう方法とが紹介されています。そして，数量の関係を数直線で表して，0.1に当たる大きさは被除数を10でわれば求められること，除数の10倍の大きさと被除数の10倍の大きさとが対応することを明らかにして，計算のしかたを説明しています。前者が，小数のしくみに基づく方法，後者が計算のきまりに基づ

5上p34

く方法であることは，かけ算の場合と同様です。下の図は，小数÷小数の計算の説明です。この考え方は，被除数と除数の小数点を同じだけ右にずらして整数のわり算に帰着させる筆算形式のもとになる考え方です。かけ算の場合は，被乗数と乗数をともに10倍した分だけ積が大きくなるので，小数点を戻すことが必要だったのですが，わり算の場合は，被除数と除数に同じ数をかけてもわっても，商の大きさが変わらないという計算のきまりがあります。したがって，商の小数点は，そのままにすることになるのです。

5上p36

アイディア 12
整数や小数の
計算の考え方を
活用しよう

分数のかけ算・わり算の計算のしかたの学習で筋道立てて考える力を育てるにはどうすればよいでしょうか

研究課題

　分数のかけ算・わり算は，小学校の計算の学習の集大成とも言えます。これまでの学習で得た様々な知識を活用して，子どもが進んで計算のしかたを考え，つくりだしていくような授業を展開したいものです。

　ここでは，分数同士のかけ算・わり算に至るまでの計算指導の体系を調べ，それぞれの場面で何をどのように考えさせればよいのかということを明らかにしていきましょう。

6上 p28

ここがポイント

① 既習の小数のかけ算・わり算の計算のしかたの考え方から類推して考える
② 数直線や面積図など，モデルとなる図の特徴を生かす
③ かけ算やわり算の計算のきまりに基づいて考える

(1) 分数のかけ算・わり算のもとになる計算

これまでの項で述べたように，計算のしかたを考えるときには，①計算の意味　②数のしくみ　③計算のきまり　を視点として，既習事項に帰着させて考えることが大切です。小学校の計算の学習の集大成である分数のかけ算・わり算は，既習の整数や小数のかけ算・わり算をもとにして考えることになります。具体的に，どのような考え方を用いることができるのか，これまでの学習内容を整理したのが，67・68ページにある一覧表です。

分数×分数（$\frac{4}{5} \times \frac{2}{3}$）の直近の既習事項は分数×整数（$\frac{4}{5} \times 2$），分数÷分数（$\frac{2}{5} \div \frac{3}{4}$）の直近の既習事項は分数÷整数（$\frac{2}{5} \div 3$）です。また，さらに遡れば，整数×整数（$4 \times 2$），整数÷整数（$2 \div 3$）がもとになっています。ですから，$\frac{4}{5} \times \frac{2}{3}$の計算は，$\frac{4}{5} \times 2$や$4 \times 2$，$\frac{2}{5} \div \frac{3}{4}$の計算は，$\frac{2}{5} \div 3$や$2 \div 3$の計算に帰着させることができれば解決できると考えられます。そのときの考え方として，計算の意味・数（分数）のしくみ・計算のきまりを視点とすることが大切であるということです。

(2) 計算の意味を表す図（数直線）を使って計算のしかたを考える

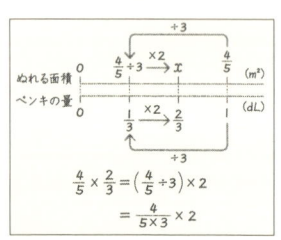

分数×分数（$\frac{4}{5} \times \frac{2}{3}$）の意味は，例えば，「1dLで$\frac{4}{5}$㎡の板をぬれるペンキ$\frac{2}{3}$dLで何㎡の板をぬれるか」という問題では，左図のような数直線のxに当たる大きさを求めることとして表すことができます。このように数直線を使うと，$\frac{1}{3}$dLに当たる面積は$\frac{4}{5} \div 3$で求めることができることがわかり，$\frac{2}{3}$dLに当たる面積がその2倍であることから，$\frac{4}{5} \times \frac{2}{3} = (\frac{4}{5} \div 3) \times 2$というように，既習の分数÷整数，分数×整数の計算で処理できることがわかります。

分数÷分数（$\frac{2}{5} \div \frac{3}{4}$）の場合も同様で，この計算の意味を表す次の図のような数直線から，$\frac{1}{4}$dLに当たる面積が$\frac{2}{5} \div 3$で求めることができることがわか

> アイディア 12
> 整数や小数の
> 計算の考え方を
> 活用しよう

り，1dLが $\frac{1}{4}$ dLの4倍であることから，$\frac{2}{5} \div \frac{3}{4} = (\frac{2}{5} \div 3) \times 4$ のように，分数÷整数，分数×整数の計算で処理できることがわかります。

この過程では，乗数や除数の分数が，それぞれ，$\frac{2}{3}$は$\frac{1}{3}$の2倍，$\frac{3}{4}$は$\frac{1}{4}$の3倍であるという分数のしくみについての知識も使われています。

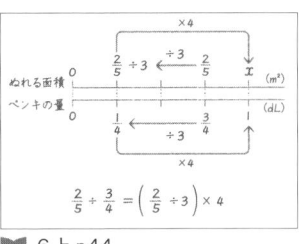

📕 6上 p44

(3) 計算のきまりを使って計算のしかたを考える

小数のかけ算・わり算の場合と同様，計算のきまりに着目して分数のかけ算・わり算の計算のしかたを考えることもできます。

📕 6上 p30

📕 6上 p44

この教科書では，左図のように，$\frac{4}{5} \times \frac{2}{3}$ の場合は乗数を整数化するために，$\frac{2}{3}$を3倍して整数の2と見て $\frac{4}{5} \times 2$ の計算をし，積を3でわる考え方で説明しています。これは，「乗数をa倍すると積がa倍になる」というかけ算の性質にもとづく方法です。

また，$\frac{2}{5} \div \frac{3}{4}$ の場合は，除数を整数化するために，$\frac{3}{4}$を4倍して整数の3と見て計算する考え方で説明しています。「被除数と除数をともにa倍しても商は変わらない」というわり算の性質にもとづいて，除数$\frac{3}{4}$と同様に被除数$\frac{2}{5}$も4倍して，$\frac{2}{5} \div \frac{3}{4} = (\frac{2}{5} \times 4) \div (\frac{3}{4} \times 4)$ として計算しているのです。

(4) 小数のかけ算・わり算の計算のしかたから類推する

算数では，既習の似た問題を解決したときの考え方が使えないかと考えることが大切です。このような考え方のことを「類推的な考え方」と言います。これまで述べてきたように，分数×分数，分数÷分数の場合は，直近の分数×整数，分数÷整数の考え方が使えないかと考えることも大切ですが，それと同様

に，第5学年で学習した小数×小数や小数÷小数の計算の方法から類推することも大切です。分数のかけ算・わり算の意味は，小数のかけ算・わり算の意味と同様に割合の考えによってとらえられるので，計算の意味にもとづく説明は，×小数や÷小数の考え方を土台にすることになるからです。

67・68ページの一覧表で，小数のかけ算・わり算の計算のしかたの説明と分数のかけ算・わり算の計算のしかたを対応させてみると，数直線の図の説明や計算のきまりの使い方などが，全く同じであることに気づくと思います。

(5) 面積図の使い方

分数のかけ算・わり算の計算については，ほとんどの教科書で面積にかかわる問題が取り上げられ，下図のような面積図を使って説明されています。

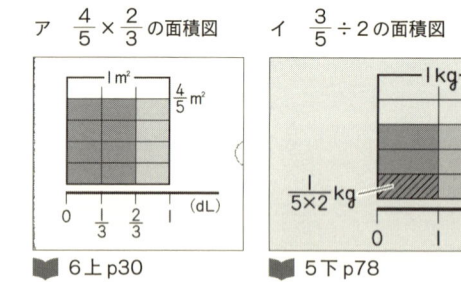

ア $\frac{4}{5} \times \frac{2}{3}$ の面積図　　イ $\frac{3}{5} \div 2$ の面積図

📖 6上 p30　　📖 5下 p78

面積図は，計算した結果の分母の大きさ（単位分数の大きさ）や分子の数値が目に見えるように表現されるので，分数×分数や分数÷整数の計算のしかたがとらえやすいという特徴があります。しかし，それまでの学習では，数量の関係を面積図で表した経験が乏しく，図に表すことがむずかしいという問題点があります。特に，面積とは無関係の数量についての問題では，面積図に表すことが困難である様子が見受けられます。したがって，分母や分子の意味を説明するときに効果的な，分数×分数（ア図）や分数÷整数（イ図）の問題に限って用いたり，教師の説明の道具として用いるというような限定的な使い方について検討してみることも必要であると思われます。

アイディア12 整数や小数の計算の考え方を活用しよう

● かけ算の計算のしかたの考え方

計算の種類	視点		
	計算の意味	数のしくみ	計算のきまり
$4×3$ (整数×整数)	・$4+4+4$ （同数累加） ・○ ○ ○ 　○ ○ ○ 　○ ○ ○		・$4×3$ 　$=4×2+4$ （乗数が1増えると、積が被乗数分増える）
$0.4×3$ (小数×整数)	・$0.4+0.4+0.4$ （同数累加） （数直線図） 0.1が4個分	・0.4は0.1の4個分 →$4×3=12$ →0.1の12個分は1.2	・0.4を10倍して$4×3$の計算をする →$4×3=12$ →12を10でわって1.2
$\frac{4}{5}×3$ (分数×整数)	・$\frac{4}{5}+\frac{4}{5}+\frac{4}{5}$ （同数累加） （数直線図） $\frac{1}{5}$が4個分	・$\frac{4}{5}$は$\frac{1}{5}$の4個分 →$4×3=12$ →$\frac{1}{5}$の12個分は$\frac{12}{5}$	・$\frac{4}{5}$を5倍して$4×3$の計算をする →$4×3=12$ →12を5でわって$\frac{12}{5}$
$1.8×2.3$ (小数×小数)	・$1.8÷10$ （数直線図）	・2.3は0.1の23個分 →$1.8÷10$で0.1に当たる大きさ →$1.8×2.3=(1.8÷10)×23$	・2.3を10倍して$1.8×23$の計算をする →その答えを10でわる →$1.8×2.3=1.8×23÷10$
$\frac{4}{5}×\frac{2}{3}$ (分数×分数)	・$\frac{4}{5}÷3$ （数直線図）	・$\frac{2}{3}$は$\frac{1}{3}$の2個分 →$\frac{4}{5}÷3$で$\frac{1}{3}$に当たる大きさ →$\frac{4}{5}×\frac{2}{3}=\frac{4}{5}÷3×2$	・$\frac{2}{3}$を3倍して$\frac{4}{5}×2$の計算をする →その答えを3でわる →$\frac{4}{5}×\frac{2}{3}=\frac{4}{5}×2÷3$

● わり算の計算のしかたの考え方

計算の種類	視点		
	計算の意味	数のしくみ	計算のきまり
$12 \div 4$ (整数÷整数)	・$4 \times \square = 12$ もしくは $\square \times 4 = 12$ （かけ算の逆算） ・包含除、等分除（図は省略）	・$12 = 4 \times 3$ $12 = 3 \times 4$ をもとにして商を見つける	
$1.2 \div 4$ (小数÷整数)	（数直線図）	・1.2は0.1の12個分 →$12 \div 4 = 3$ →0.1の3個分は0.3	・1.2を10倍して $12 \div 4$ の計算をする →$12 \div 4 = 3$ →3の $\frac{1}{10}$ は0.3
$\frac{3}{5} \div 2$ (分数÷整数)	（図） 📖 5下 p78	・$\frac{3}{5} = \frac{3 \times 2}{5 \times 2}$ →$\frac{3 \times 2}{5 \times 2}$ は $\frac{1}{5 \times 2}$ の 3×2 個分 →$3 \times 2 \div 2 = 3$ $\frac{1}{5 \times 2}$ の3個分は $\frac{3}{5 \times 2}$	・$\frac{3}{5}$ と2を5倍して $3 \div (2 \times 5)$ の計算をする →商の大きさは変わらない →$\frac{3}{5} \div 2 = 3 \div (2 \times 5)$ $= \frac{3}{2 \times 5}$
$4.8 \div 1.2$ (小数÷小数)	（数直線図）	・1.2は0.1の12個分 →$4.8 \div 12$ で1に当たる大きさ →$4.8 \div 1.2 = (4.8 \div 12) \times 10$	・4.8と1.2をともに10倍して $48 \div 12$ の計算をする ・商の大きさは変わらない →$4.8 \div 1.2 = 48 \div 12$
$\frac{2}{5} \div \frac{3}{4}$ (分数÷分数)	（図） 📖 6上 p44	・$\frac{3}{4}$ は $\frac{1}{4}$ の3個分 →$\frac{2}{5} \div 3$ で $\frac{1}{4}$ に当たる大きさ $\frac{2}{5} \div \frac{3}{4} = \frac{2}{5} \div 3 \times 4$	・$\frac{2}{5}$ と $\frac{3}{4}$ をともに4倍して $(\frac{2}{5} \times 4) \div (\frac{3}{4} \times 4)$ の計算をする →商の大きさは変わらない →$\frac{2}{5} \div \frac{3}{4} = \frac{2}{5} \times 4 \div 3$

アイディア 13
場に応じた比較や測定のしかたを考えよう

量の比較や測定の授業ではどのような工夫をしたらよいでしょうか

研究課題

「量と測定」領域のねらいは、「身の回りにある様々な量の単位と測定について理解し、実際に測定できるようにするとともに、量の大きさについての感覚を豊かにすることである。(p34)」と解説書に示されています。そして、長さ、面積、体積、時間、重さなど、様々な量について学習することになっています。また、角度や面積・体積の公式など、図形の計量にかかわることもこの領域の内容であり、単位の名称や求積公式など、覚えなければならないことも少なくありません。

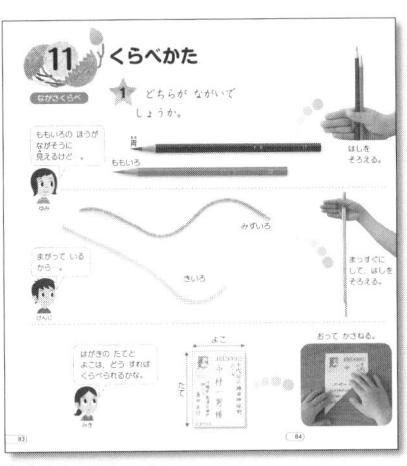

📖 1年 p83～84

量と測定の領域では、どのようなことがらが基礎・基本として大切なのでしょうか。また、「量の大きさについての感覚」を育てるとはどのようなことなのでしょうか。ここでは、主として下学年（1～3年）で学習する、基本的な量の比較や測定の活動について、指導の工夫や留意点などを考えましょう。

ここがポイント

① 場に応じて比較の方法を工夫する
② 単位を決めてそのいくつ分で数値化する活動を行う
③ 身の回りにある量の大きさを見積ったり測定したりする活動を行う

(1)「量と測定」領域の内容

　最初に，学習指導要領に示されている「量と測定」の内容を見ておきましょう。

(第1学年)　長さ，面積，体積の直接比較，任意単位による測定など
　　　　　　時刻の読み方
(第2学年)　長さ，体積の単位と測定（単位　mm・cm・m，ml・dl・l）
　　　　　　時間についての理解（単位　日・時・分）
(第3学年)　長さ，重さの単位と測定（単位　km，g・kg・t）
　　　　　　見当づけ，単位や計器の選択
　　　　　　時間についての理解と時刻・時間の計算（単位　秒）
(第4学年)　面積の単位と測定（単位　cm²・m²・km²・a・ha），面積の求め方（長方形・正方形）
　　　　　　角の大きさについての単位と測定（単位　度(°)）
(第5学年)　面積の求め方（三角形・平行四辺形・ひし形・台形）
　　　　　　体積の単位と測定（単位　cm³・m³），体積の求め方（立方体・直方体）
　　　　　　測定値の平均　単位量あたりの大きさ
(第6学年)　概形とおよその面積
　　　　　　面積の求め方（円）　体積の求め方（角柱・円柱）
　　　　　　速さについての理解
　　　　　　メートル法の単位のしくみ

　これによると，量と測定の領域は，下学年（1〜3年）は，長さ，面積（広さ），体積（かさ），重さ，時間等，基本的な量の単位や測定にかかわる内容，上学年（4〜6年）は，図形の面積や体積，角度など，図形の計量にかかわる内容で構成されていることがわかります。また，第5・6学年には，異種の2つの量の割合としてとらえられる数量（単位量あたりの大きさ）が位置づけられています。下学年と上学年で，学習する内容に大きな違いが見られるのが「量と測定」領域の特徴です。

> アイディア 13
> 場に応じた比較や測定のしかたを考えよう

(2) 量の意味と性質

　量とは，「大小の比較ができる対象をもっているもののこと」（算数教育指導用語辞典・日本数学教育学会編著，教育出版），「ものの大きさを表すもの」（学習指導要領解説書）などと説明されています。これらの説明からもわかるように，量の概念は量の大小を比較したり，量の大きさを数値で表現したりする，比較や測定の活動を通して形成されます。

　個数や人数などの量は，要素を1対1に対応させることによって比較することができ，その大きさは自然数によって表すことができます。このような量のことを「分離量」といいます。また，長さや重さなどの量は，それぞれの全体を対応させて共通部分を除いた部分が残る方が大きいと判断します。その大きさは，単位とする大きさを決めて，その何倍かということで数値化し，実数によって表すことができます。このような量のことを「連続量」といいます。

　例えば，ペットボトルに入っている2Lの水を別の形の容器に移したり，いくつかのコップに移したりしても，全体の水の量は2Lで変わりません。体積だけでなく，長さや重さなどの基本的な量にはこのような性質があります。この性質のことを量の保存性と言います。この保存性をもとにすると，例えば，300gの粘土と200gの粘土を合わせると全部で500gの重さになるというような，量の加法性を確かめることができます。

　それに対して，速さや密度などは加法性をもたない量です。算数の内容にはありませんが，40℃のお湯と50℃のお湯をたしても温度は90℃にはなりませんから，温度も加法性をもたない量です。これら，加法性をもたない量のことを内包量と呼び，加法性をもつ量のことを外延量と呼びます。小学校で，これらの用語を教えることはしませんが，単位当たりの大きさや速さなどの内包量は第5・6学年の指導内容として位置づけられています。

(3) 測定の考え方

　量の概念は，比較や測定の活動を通して形成されていくものですから，どの

ような比較や測定の活動を行えばよいかということを明確にとらえておくことが大切です。比較や測定の活動としては，一般に次のような4つの指導の段階が考えられています。

①直接比較

　2本の鉛筆の長さを比べる場合のように，ものを移動して直接重ね合わせることができる場合には，並べたり重ね合わせたりして比べます。このような場合，一方の端をきちんとそろえて，もう一方の端の位置で，どちらが長いかを判断します。このような比べ方が直接比較です。69ページに載せた教科書の図は，長さの直接比較の例です。

　面積（広さ）や体積（かさ）の場合も，右図のように2つのものを移動して，端をそろえて重ね合わせて比べ，一方がもう一つに完全に含まれるかどうかということで比べることができます。しかし，面積や体積の場合の多くは，この図のように一方が他方にすっぽり含まれてしまうことにはならないので，はみ出した部分を切り離してさらに比べたり，別の方法を工夫したりすることが多くなります。

▶ 1年 p88

②間接比較

　右の教科書の「☆かみテープに〜」のように，動かせないものの長さを比べるときは，動かせるテープなどを比べたいものにあて，長さを比べることがあります。このように媒介物を用いて比較する方法が間接比較です。

③任意単位による測定

　また，「☆いくつぶん〜」のように，媒介物として，鉛筆や指の幅などを利用してその長さを単位として，対象となるものの長さを数値化して表して比べる方法があります。単位とする大きさは，場面に応じて適切なものを選ぶことになるので，

▶ 1年 p84〜85

アイディア 13
場に応じた比較や
測定のしかたを
考えよう

　この方法を「任意単位による測定」と言っています。測定とは，基準とする大きさを決めて，それを単位として数値化する活動ですから，この任意単位による測定の活動は測定の基本としてきわめて重要なことがらです。場面に応じて，何を単位とするのか，基準とする大きさを決定すること，測定の対象とするものの量が単位のいくつ分であるかを測り取ることなど，任意単位による測定の活動をできるだけ豊富に行うことが，日常生活の中の量にかかわる問題の解決の力を育てることになります。
　②の間接比較も，③の任意単位による測定も，媒介物を用いて比較するという考え方は同じですが，②は，それぞれの大きさを写し取って比べるのに対し，③では，単位のいくつ分という考え方で数値化することがポイントです。
④普遍単位による測定
　長さの場合で言うと，ものさしや巻尺などの測定具を用いて，cmやmなど，国際的に通用する単位で測定することです。上記①〜③の方法は，第１学年の学習内容ですが，この内容は第２学年の内容として位置づけられています。
　③の任意単位による測定が，測定の基本的な考え方ですが，単位がまちまちでは，数値が得られてもいつでもどこでも量の大きさがわかり，比べられることにはなりません。国際的に通用する普遍的な単位を用いることで，量の大きさが数値によって決定することになります。
　普遍単位による測定の学習では，単位のしくみや，計器の使い方，量の大きさについての感覚などについての指導が大切になります。

⑷ 体積（かさ）や重さなどの測定の考え方

　直接比較，間接比較，任意単位による測定，普遍単位による測定の４段階は，いつでもこの順序で指導しなければならないかというと，そうではありません。⑶で調べたように，長さの場合は教科書にあるように，直接比較・間接比較・任意単位による測定・普遍単位による測定という段階を踏んで活動することが自然であるように場面設定がされています。しかし，次に示すように長さ以外の量では場面の設定が難しい場合もあって，必ず長さと同じような段階

を踏んで学習していくわけではありません。むしろ，場面に応じて，適切な方法を選択して活動していくことが大切です。

いずれにしても基本となるのは長さの場合ですので，長さの測定の考え方と比べるなどしながら，活動を積み重ねていくことが大切です。

＜体積（かさ）＞

ア　　　　　　　　　　イ　　　　　　　　　　ウ

▶ 1年p86〜87

アは，一方の容器に水をいっぱいに入れて，他方の容器に移し替えて比べています。水を媒介物としているので間接比較と考えることもできますが，一般的には，2つの容器の大きさを直接に比べている直接比較の例と考えられています。イは，同じ形の別の容器を用意して，それに比べようとしている2つの容器に入れた水を移し替えて，水の高さで量の大小を比べています。これは，別の容器を媒介物とした間接比較の例と言えるでしょう。ウは，同じ形のコップ何杯分かで数値化して比べる，任意単位による測定の例です。

＜重さ＞

エ　　　　　　　　　　オ

▶ 3上p101　　　　　▶ 3上p102

エは，てんびんの両側に比べたいものを乗せてどちらが下がるか（重いか）を比べている直接比較の例です。オは，同じ重さの積み木何個分かで数値化する任意単位による測定の例です。重さの場合，間接比較できる場面が想定しにくいこともあって，教科書には例が示されていないことが多いと思います。

アイディア13
場に応じた比較や
測定のしかたを
考えよう

(5) 量の大きさの感覚を育てる指導

　冒頭で述べたように,「量と測定」領域の指導では,「量の大きさの感覚を豊かにする」ことが大切なねらいになっています。

　子どもの実態を見てみると, 全国学力・学習状況調査の数値が示すように, 量の大きさについての感覚が育っていない状況がわかります。

　では, どのようにしたら, 量の大きさの感覚が育てられるのでしょうか。

　学習指導要領には次のように示されています。

＜第2学年・算数的活動　ウ＞

　身の回りにあるものの長さや体積について, およその見当を付けたり, 単位を用いて測定したりする活動

＜第3学年　量と測定＞

平成20年度全国学力・学習状況調査より

(2)長さや重さについて, およその見当を付けたり, 目的に応じて単位や計器を適切に選んで測定したりできるようにする。

　また, 解説書では量の大きさの感覚について, 次のように説明しています。

> **解説書**
> 　例えば, 長さを例にとれば, 次のようなことがあげられる。
> ・鉛筆を見て「長さはだいたい20cmぐらい」というように, 長さの見当付けができること。
> ・測る対象に応じて,「この物を測るには, 30cmのものさしがよい」などと適切な単位や計器の選択ができること。
> ・例えば「1mはこれぐらい」などと, 基本的な単位の量の大きさについて, およその大きさを示せること。
> ・例えば1円硬貨の直径は2cmなど, 身近な具体物を基にして量の大きさを示せること。
> 　指導に当たっては, 様々な具体物について大きさを調べたり, 確かめ

75

> たりする作業的・体験的な活動を積極的に取り入れて，量の大きさについての感覚を豊かにするよう配慮することが大切である。また，様々な場面での比較や測定の活動を行うことが有効である。
>
> (p39〜40)

　量の大きさの感覚を育てるには，学習指導要領の算数的活動の内容や解説書に示されているように，身の回りのものの大きさに興味を持って，その大きさについて見当をつけたり，実際に測定したりする経験を豊かにすることが大切なことは言うまでもありません。そのときに，①量の見当づけができること　②適切な単位や計器を選択すること　③単位の量の大きさ（1 m，1 L，1 kgなど）のおよその大きさを知ること　④身近な具体物の大きさをもとにすること　の4つの視点をいつも念頭に置いて指導することが大切です。

　上記のように長さの場合について解説書に示されていますので，それに倣って体積（かさ）や重さ，そして，あまりなじみがないと思われる面積（広さ）の場合について，上の4つの視点から具体的な場合を挙げてみるとよいでしょう。子どもにとって身近な例が挙げられれば，そのような場面に触れることができるよう教材を工夫することになります。

　また，量に触れる機会をできるだけ多くするために，教室などに計器を置き，折りにふれて量の大きさを話題にして，計器で測定して確かめるようにすることも大切です。研究校などでは，学校のいろいろな場所にはかりやものさしが置いてあって，それを使っていつでも量が測れるよう環境を整えているところもあります。

アイディア 14
既習の図形に
分けたり変形したり
して考えよう

既習の公式をもとにして面積の公式をつくりだすにはどうしたらよいでしょうか

研究課題

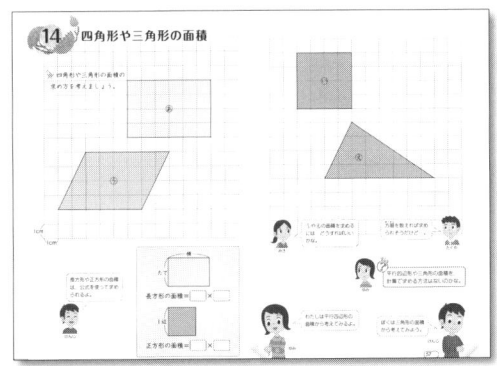

5下 p56〜57

　第5学年の三角形や平行四辺形，ひし形，台形の面積の求め方についての学習では，既習の求積可能な図形の面積の求め方をもとに考えたり，説明したり，公式をつくりだしたりする活動を通して，筋道立てて考える力を育てることをねらいとしています。したがって，面積の求め方についてどのような学習をしてきているのか，内容の系統を明確にとらえて指導することが大切です。

　ここでは，三角形と台形の求積公式を中心に，図形の面積の公式をつくりだす考え方の指導に焦点を当てて考えましょう。

ここがポイント

① 既習の図形に分けたり変形したりして考える

② 図形のどの部分（構成要素）を測定すると面積が求められるかを考える

③ 台形の求積公式は三角形の求積公式の導き方から類推して考える

(1) 長方形・正方形の求積公式と間接測定

　図形の求積公式の学習は，第4学年の長方形・正方形から始まります。

　右図上のように，直接比較をしたときそれぞれの図形が縦横にはみ出してしまい，どちらの面積が広いか一度には比べにくいので，右図下のように単位のいくつ分で数値化して比べる方法が便利であるというところから始められています。

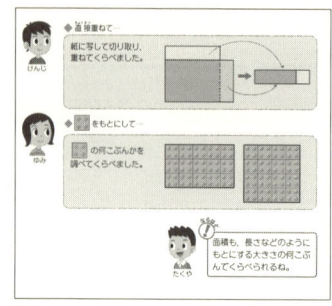

▶ 4上p98

　次に，1辺が1cmの正方形を単位として測定する普遍単位による測定の活動が行われ，単位とする正方形が長方形の縦・横に何個ならぶかを数えて，全体の個数を求めて求積することができることを学習します。

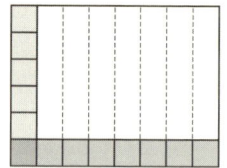

▶ 4上p101

　そして，全体の個数を求めるときに，1cm²の正方形が縦にならぶ個数と横にならぶ個数とをかける計算をすればよいことに着目し，その式が縦の長さと横の長さをかける式と一致することから，（長方形の面積）＝（たて）×（横）という求積公式を導きます。

▶ 4上p101

　この公式には，面積という2次元の空間の大きさを表す量が，1次元の量である縦と横という2つの長さを測定することで求められるという意味があります。これまで学習して

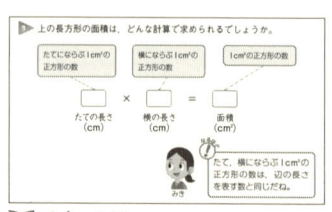

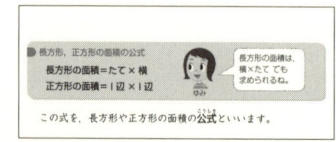

▶ 4上p102

きた基本的な量の測定にかかわる活動は，長さは長さを，広さ（面積）は広さを，かさ（体積）はかさを，重さは重さを単位として，そのいくつ分で測定してきたのですから，その意味では測定のしかたの発想が大きく転換されています。

> アイディア14
> 既習の図形に
> 分けたり変形したり
> して考えよう

　面積は2つの長さを測定して，またこの後学習する体積は，3つの長さを測定して求めるという方法をとりますが，これは，面積や体積を直接面積や体積のいくつ分であるかを測り取るのではなく，測定の対象を長さという測りやすい量に置き換えて測定しているので「間接測定」と呼ばれています。したがって，面積や体積など図形の求積公式についての学習は，どこの長さを測れば面積や体積を計算で求めることができるかということを考える学習であると言えます。

　正方形は，長方形と同じ（たて）×（横）で面積が求められるので，わざわざ長方形とは異なる公式を考えなくてもよさそうなのですが，正方形は4辺の長さが等しい図形ですから，1辺の長さが決まれば面積が決まってしまいます。公式を，（正方形の面積）＝（1辺）×（1辺）と表しておけば，そのことが明確に表現できるのです。このように求積公式は，どこの長さを測ればその図形の面積や体積が決まるのかという，依存関係を表しているものであるととらえることもできます。

(2) 図形の面積の学習の順序

　第5学年では，三角形，平行四辺形，ひし形，台形の求積公式について学習しますが，実はどんな順序で指導するかということについては，意見が分かれるところです。大きく分けると，三角形から指導するという立場と，平行四辺形から指導するという立場とがあります。

　三角形から指導する立場は，「一般に，どんな多角形でも三角形に分解することで求積が可能である。三角形の求積が図形の求積の最も基本的な事項であるので，まずそれをしっかり指導し，その上で様々な図形の求積の方法を考えさせるのが妥当である。」という考え方です。求積公式がわかっている長方形や正方形を2つの直角三角形に分割して，直角三角形の求積のしかたを考えるところから，三角形の求積の学習に入っていくことになります。

　平行四辺形から指導する立場は，「平行四辺形は，求積公式がわかっている長方形（正方形）と形が似ているので，長方形と関連づけて考えやすい。また，

三角形やひし形，台形なども，平行四辺形と関連づけてとらえると，公式が導きやすい。」という考え方です。

どちらにもそれぞれ理があるので，教科書での扱い方などをよく吟味して，指導の方針を明確にして取り組んでいくことが大切になります。本書では，平行四辺形→三角形という順序で指導する立場で述べていきます。

(3) 平行四辺形の求積公式の導き方

導入の平行四辺形の求積のしかたを考える場面では，第4学年で学習した長方形・正方形の求積の考え方や公式を使う外はありません。

既習事項の第一は，面積は単位とする1cm²の正方形の個数を数えて求める，という測定の基本的な考え方です。そこで，図のように方眼を当てたりして個数を数えようとします。ところが，長方形と違って，平行四辺形の場合は方眼1個として数えられないところが出てしまいます。そこで，方眼の個数で数えられるようにするための工夫が必要になります。

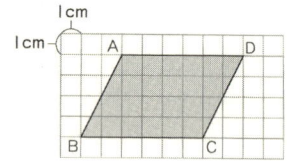

左の図の「ゆみさんの考え」のように，三角形の部分を切り取って移動させると，平行四辺形は長方形の形になるので，方眼の個数が数えられるようになります。それは，長方形の公式を使えることにつながります。長方形の形に変形する方法としては，平行四辺形を垂線で2つに分割して，一方を移動させる「たくやさんの考え」のような方法もあります。

ここまでで，平行四辺形の面積は長方形に変形することで求められることがわかりました。次に，公式について考えることになります。

長方形に変形して面積の公式を使うとき，図中に示したような太線の長さを縦（-----），横（──）として測定し，（たて）×（横）の公式を使います。この-----と──の部分が，平行四辺形のどの部分の長さに当たるのか，すなわち平

アイディア14
既習の図形に
分けたり変形したり
して考えよう

行四辺形のどの部分の長さを測ればよいのかを考えます。そして，――が底辺，-----が高さの部分であることをとらえるようにし，公式，(平行四辺形の面積)＝(底辺)×(高さ)を導きます。このように，最終的には対象としている図形のどの部分(構成要素)を測定すれば，面積が求められるかを考えることが大切です。

(4) 三角形の求積公式の導き方

平行四辺形から入る展開の場合には，三角形の面積の求め方を考えるとき，長方形・正方形の求積のしかただけでなく，学んだばかりの平行四辺形の求積のしかたが使えます。すると，三角形を長方形(正方形)に変形するか，平行四辺形に変形するかという2通りの選択肢が考えられることになります。

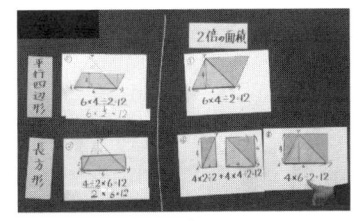

三角形の求積の考え方

一般に，三角形の求積のしかたの考え方は，上の板書の写真のように等積の平行四辺形や長方形に変形する方法と，2倍の面積の平行四辺形や長方形の半分と見る方法の4通りの方法が用いられることが多いと思われます。

この写真のように，平行四辺形や長方形に等積変形すると，平行四辺形の底辺・長方形の横の長さが求積の対象とする三角形の底辺の長さと等しく，高さが半分になっていることから，三角形の求積公式，(三角形の面積)＝(底辺)×(高さ)÷2を導くことができます。また，三角形を2つ合わせて，2倍の面積の平行四辺形や長方形をつくると，平行四辺形の底辺と高さ，長方形の縦と横の長さが，対象とする三角形の底辺と高さと等しくなっていることから，やはり，(三角形の面積)＝(底辺)×(高さ)÷2という公式を導くことができます。

(5) 台形の面積の公式の導き方

台形の求積の場面では，既習事項として，長方形(正方形)，平行四辺形，

三角形の求積公式や公式を導く考え方が使えます。下の写真は，実際の授業の場面で子どもたちが考えた台形の求積の考え方ですが，実に多様な考え方ができることがわかります。

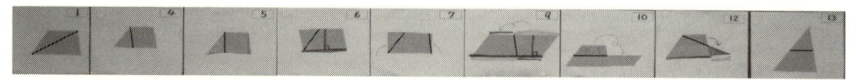

さまざまな台形の求積の考え方

　このような多様な考え方ができることを楽しむことも一つの授業の方法ですが，ここでは(4)で紹介した，三角形の求積公式を導くときの4通りの方法から類推して，台形の求積公式を導く方法について考えます。このように類推の考え方をはたらかせると，三角形の求積の考え方の理解を深めながら，新たな課題である台形の求積の公式をどのように考えてつくりだせばよいのかということが理解しやすくなるものと思われます。

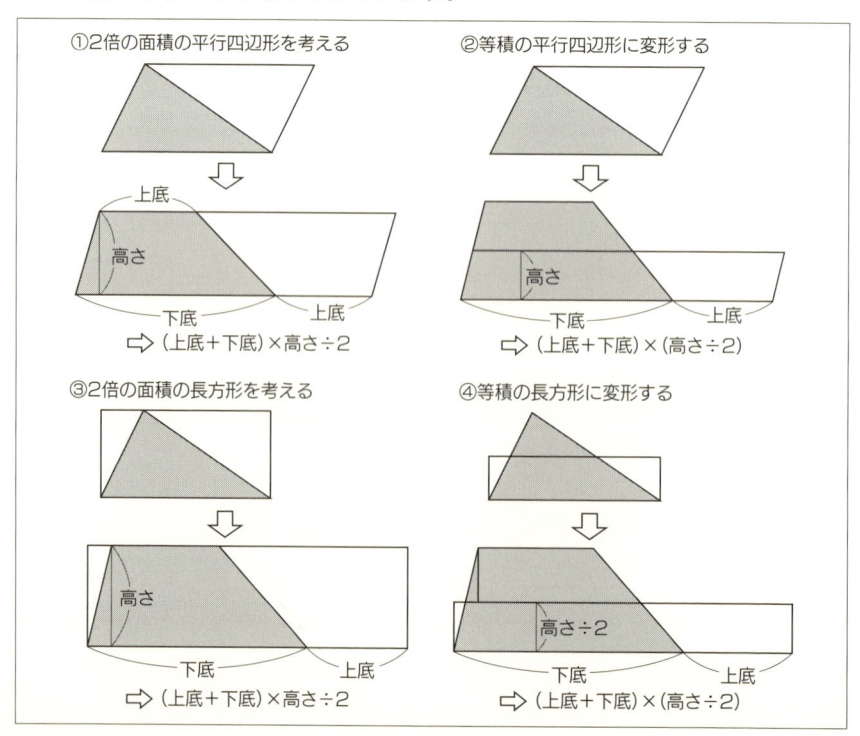

①2倍の面積の平行四辺形を考える
⇨ （上底＋下底）×高さ÷2

②等積の平行四辺形に変形する
⇨ （上底＋下底）×（高さ÷2）

③2倍の面積の長方形を考える
⇨ （上底＋下底）×高さ÷2

④等積の長方形に変形する
⇨ （上底＋下底）×（高さ÷2）

アイディア
15

片方の数量の
そろえ方を
考えよう

苦手とする子どもが多い「単位量当たりの大きさ」の指導はどのように工夫したらよいでしょうか

研究課題

　第5学年の「単位量当たりの大きさ」や第6学年の「速さ」は、異種の2つの量の割合としてとらえられる量で、長さや重さなどの基本的な量とは異なり、加法性などの性質をもっていません。量としてのとらえ方が難しい内容です。また、学力調査の結果などから、割合にかかわることは、子どもたちにとって理解の難しい内容であることがわかっています。

　難しいと言われる「単位量当たりの大きさ」の指導のポイントは何かを明らかにし、つまずきを克服する手立てなどについて考えましょう。

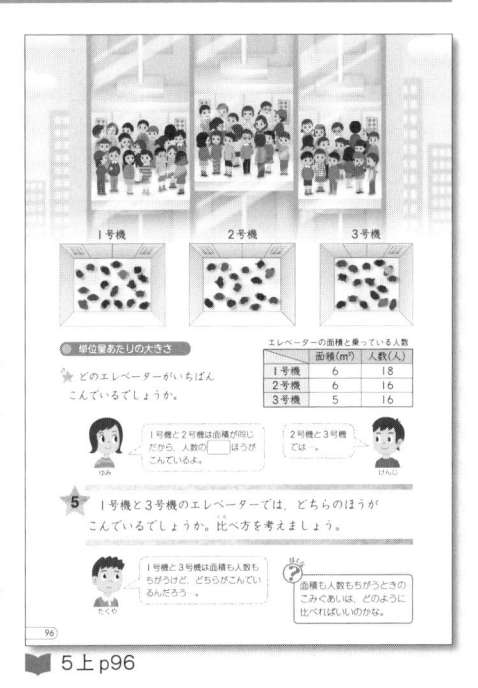

5上 p96

ここがポイント

① どの量とどの量の割合を考えるのか、関係する2つの数量を明確にする
② 片方の数量をそろえて、もう一方の数量で比べる
③ 「単位量当たり」とわり算の意味を、数直線などを使って目に見える形で表す

(1) 教科書の問題のとらえ方

83ページに載せた教科書には，3機のエレベーターの混み具合を比べる問題が示されています。他の教科書を調べてみても，「何枚かのマットに子どもが乗っている3つの場合の混み具合」，「旅行の部屋割りの3つの場合の混み具合」，「バンガローのうち，どれがいちばん混んでいるか」，「4つのうさぎ小屋の混み具合」などの課題が示されていて，共通する特徴が見られます。

まず第一の共通点は，混み具合を比べるということです。エレベーターの場合だと，エレベーターの広さと乗っている人数によって混み具合が異なります。マットの場合も，旅行の部屋割りの場合も，うさぎ小屋の場合も，やはり，人数やうさぎの数と広さ（マットの枚数や部屋の畳の数）によって，混み具合が変わってきます。つまり混み具合という量は，人数（匹数）と広さという2つの数量によって決まる量であるということです。このような量のことを「密度」と言っていますが，「単位量当たりの大きさ」の単元では，この密度を比べる問題が最初に提示されているということになります。

第二の共通点は，3つ（もしくは4つ）の場合の混み具合を比べているということです。なぜ3つの場合が挙げられているのか。それが，単位量当たりの大きさを考えるときの大きなヒントになっているからです。

エレベーターの面積と乗っている人数

	面積(m²)	人数(人)
1号機	6	18
2号機	6	16
3号機	5	16

5上 p96

エレベーターの混み具合の問題では，3機のエレベーターのうち，1号機と2号機は面積が同じで，2号機と3号機は人数が同じです。ですから1号機と2号機を比べると，乗っている人数の多い1号機が混んでいることは明らかです。2号機と3号機を比べると，面積が狭い3号機が混んでいることがわかります。すると，残る問題は，面積も人数も異なる1号機と3号機の混み具合を比べることであるということになります。

実は，混み具合を決定する広さと人数（匹数）の2つの数量のうち，広さが同じ場合と人数（匹数）が同じ場合を示すためには，3つ以上の場合を示さな

アイディア 15
片方の数量の
そろえ方を考えよう

ければならないのです。どの教科書の問題もこのような示し方をしているので，3つもしくは4つの場合を提示する形になっているのです。

　もちろん，このエレベーターの問題で，最初から1号機と3号機の2つの場合だけを提示して出題することもできます。そうすると，「一方をそろえれば比べられる」と考えるきっかけがつかめない子どもが多くなってしまうかもしれません。教科書では，広さか人数の一方がそろっているものを問題の中に提示することで，混み具合のように2つの数量によって決まる量は，一方の数量をそろえれば比べられると考えるためのヒントを与えているのです。難しいと言われる「異種の二つの量の割合」についての理解を図るための工夫の1つであると考えられます。

(2) 学習指導要領の内容や解説書の説明

　この内容について学習指導要領では，次のように示されています。

指導要領

(4)異種の二つの量の割合としてとらえられる数量について，その比べ方や表し方を理解できるようにする。

ア　単位量当たりの大きさについて知ること。

また，解説書では次のように説明されています。

解説書

　次にこのような事柄は，どのようにすると比べることができるか，どのようにして数値化したらよいかについて考えられるようにする。一般には，二つの量がかかわっているので，その一方をそろえてほかの量で比較する方法が用いられる。これらの考えを用いるときには，二つの数量の間に比例関係があるという前提がある。また，平均の考えなども前提にしている。そこで指導に当たっては，これらのことについても着目させ，その意味を理解させていくような配慮が必要である。例えば，人口密度の場合，人口と面積の二つの量がかかわっている。このとき，人口を2倍，3倍，4倍，…にしたとき面積も2倍，

3倍，4倍，…すれば混み具合が変わらないことを用いて，比較するときには，どちらか一方の量，例えば面積をそろえて，もう一方の量の人口の大小で比べると比べやすいことに気付かせる。(中略)

ア　単位量当たりの大きさ

　ここでは，異なった二つの量の割合でとらえられる数量を比べるとき，三つ以上のものを比べたり，いつでも比べられるようにしたりするためには，単位量当たりの大きさを用いて比べるとより能率的に比べられることを理解し，単位量当たりの大きさを用いて比べることができるようにすることをねらいとしている。

　なお，人口密度を比べる場合には，面積を単位量にして1当たりの人口で比べてもよいし，人口を単位量にして一人当たりの面積で比べてもよい。しかし，一般に人口密度の場合には，密度が高いときに大きな数値が対応するようにした方が都合がよいため，面積の方を単位量として人口で比べることが多い。

(p154〜155：下線は筆者による)

　ここで注目しておきたいことは，異種の2つの量の割合として表される量を比べる場合，その2つの量が比例しているという前提があること，また，平均の考えが前提となっているということです。その前提がないと，2つの量のうちの一方をそろえるというとき，他方を同じ割合で変化させて考えることができません。例えば，83ページの教科書の問題で面積を最小公倍数の30㎝にそろえようと考えたとき，そのとき，1号機の人数を5倍，3号機の人数を6倍しても混み具合が変わらないと考えて，その人数の多少で混み具合を判断することができるのですが，その考え方は面積と人数が比例の関係にあることを前提としています。また，面積と人数がいつも一定の割合で変化していくという平均の考えをもとにしています。実生活では，面積が広くなったからといって，一定の割合で人数が変化するわけではないことも多いのですが，それを，

アイディア15
片方の数量の
そろえ方を考えよう

理想的な状態で変化させてよいと考えて処理しているわけです。

また,「単位量当たりの大きさ」については,1㎡や1人当たりの大きさ(1当たりの大きさ)を求めて比べる考え方であることを説明しています。1当たりの大きさを求めるためには,わり算が使われるわけですが,(人数)÷(面積)で,1㎡当たりの人数を求める場合と,(面積)÷(人数)で,1人当たりの面積を求める場合との2通りの方法が考えられます。解説書では,「一般に人口密度の場合には,密度が高いときに大きな数値が対応するようにした方が都合がよいため,面積の方を単位量として人口で比べることが多い。(p155)」と述べています。これは,第6学年で扱われる「速さ」の場合も同様で,(長さ)÷(時間)で単位時間当たりの長さ(道のり)を考えると,数値が大きいほど速いということになります。

以上のことをまとめると,異種の2つの量の割合としてとらえられる量については,次の4つのことが大切であることがわかります。
①どの量とどの量によって決まることなのかをとらえること
②一方の量をそろえてもう一方の量で比べること
　(そのとき,2つの量が比例していること,平均して変化することを前提として考えること)
③一方の量を1にそろえること(単位量当たりの大きさ)
④どちらの量をそろえればよいかを考えること
　(数値が大きいほど混んでいるなどと考えやすい方を選択することが一般的)

(3) どの量とどの量によって決まることなのかをとらえさせるための工夫

これまでに,上記の①～④のうち,②～④について述べてきました。では,①のどの量とどの量によって決まることなのか,をとらえさせる活動はどうなっているのでしょうか。

残念ながら,このことを意識して指導している授業は少ないようです。教科書の記述を見ても,多くの場合は表で数値が示されています。例えば,エレベーターの問題で言えば問題の条件として面積と人数が与えられていますか

ら,混み具合は面積と人数によって決まる量であることが前提となっています。ですから,エレベーターの混み具合は,どのような量に関係した量であるかを判断する機会は与えられていないと言えるでしょう。

一つの工夫としては,エレベーターの図だけをまず示して,どのエレベーターが混んでいるかを話し合わせ,何についての情報が必要なのかを考えてから,教科書の表を見せるという展開が考えられます。

研究授業などでは,このことが大切であるという意識を持って取り組んでいる事例も目にします。下に示す写真は,このことに留意した導入の例です。

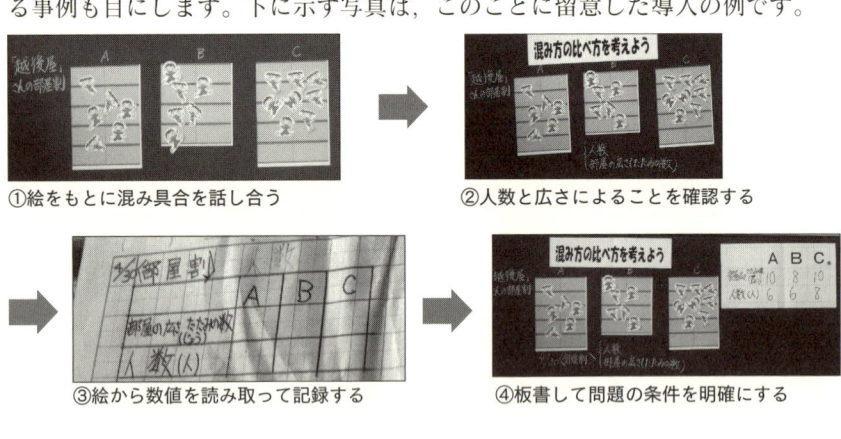

①絵をもとに混み具合を話し合う　②人数と広さによることを確認する

③絵から数値を読み取って記録する　④板書して問題の条件を明確にする

(4) 数直線を使った表し方

比例する2つの数量の関係は,数直線で表すことによって,どのような式が成り立つ関係であるかが明確にとらえられるようになります。上のような数直線で表すことで,単位当たり(1当たり)の大きさを求めることとわり算の式との関係が視覚的に明らかになります。このような図については,かけ算やわり算の立式の場面で,立式の根拠としたり説明の道具として用いたりする活動を繰り返し行い,使いこなせるようにしておくことが大切です。

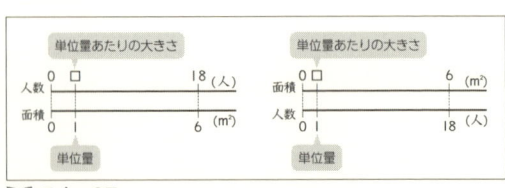

5上 p97

アイディア 16
図形を作ったり
なかま分けしたりして
考えよう

基本的な図形の概念の指導では どのようなことが大切なのか考えましょう

研究課題

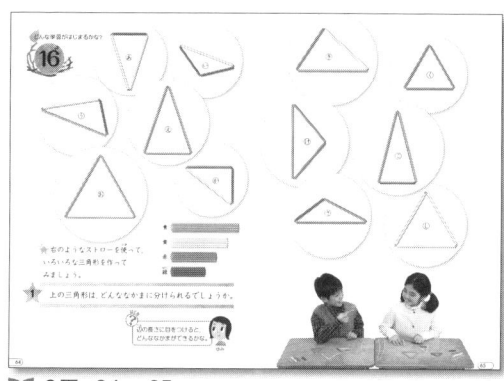

3下 p64〜65

　図形領域では，基本的な図形や空間についての概念を理解できるようにすることや，図形についての豊かな感覚を育てることが大切であると言われます。図形の概念の指導として，どのようなことが大切なのでしょうか。

　各学年の図形領域の指導内容を調べ，図形の概念を育てるということの意味やその指導の方法について考えてみましょう。

ここがポイント

① 図形の観察や分類を通して共通する性質を見つけて，図形を定義する
② 定義にあてはまるかどうか調べて，図形を弁別する
③ 定義に合わせて図形を作図する
④ 図形を構成したり敷き詰めたりする活動を行い，図形の性質を見つける

(1) 学習指導要領に示されている図形領域の内容

学習指導要領に示されている各学年の図形領域の内容を見ると，図形の指導についてどのようなことがポイントになるのかが見えてきます。

> **学習指導要領**
>
> （第1学年）・身の回りにあるものの形についての<u>観察や構成</u>などの活動を通して，<u>図形についての理解の基礎となる経験を豊かにする</u>。
>
> （第2学年）・ものの形についての<u>観察や構成</u>などの活動を通して，図形を構成する要素に着目し，<u>図形について理解</u>できるようにする。
>
> （第3学年）・図形についての<u>観察や構成</u>などの活動を通して，図形を構成する要素に着目し，<u>図形について理解</u>できるようにする。
>
> （第4学年）・図形についての<u>観察や構成</u>などの活動を通して，<u>図形の構成</u>要素及びそれらの位置関係に着目し，<u>図形についての理解</u>を深める。
>
> ・図形についての<u>観察や構成</u>などの活動を通して，<u>立体図形について理解</u>できるようにする。
>
> （第5学年）・図形についての<u>観察や構成</u>などの活動を通して，<u>平面図形についての理解</u>を深める。
>
> ・図形についての<u>観察や構成</u>などの活動を通して，<u>立体図形について理解</u>できるようにする。
>
> （第6学年）・図形についての<u>観察や構成</u>などの活動を通して，<u>平面図形についての理解</u>を深める。
>
> （下線は筆者による）

アンダーラインを引いた共通している文言に着目すると，どの学年でも，図形の学習は，「観察や構成などの活動を通して」行うことを明示しています。また，その結果として「図形についての理解」をしたり，理解を深めたりすることを目標としていることがわかります。また，第1学年は「図形についての理解の基礎となる経験を豊かにする」となっていて，図形学習の素地的な体験

を重ねることを意図しています。この「図形についての理解」というのが，ここで取り上げている図形の概念の理解ということに当たります。図形の概念の理解は，「観察や構成などの活動を通して」行われるというのが，図形学習の特徴なのです。

(2)「概念」という言葉の意味

①対象概念と関係概念

"三角形"，"長方形"，"立方体"などの基本的な図形の概念は，図形そのものを対象としている概念なので，「対象概念」と言われています。また，"平行"，"合同"，"対称"，"辺や角の相等・大小"などは，図形と図形，あるいは図形に関する量の間の関係としての概念なので，「関係概念」と言われています。図形領域で取り扱われる概念は，対象概念と関係概念，それに加えて操作概念などに分類することができます。

②外延と内包

概念の外延とは，例えば「二等辺三角形」で言えば，大きさや位置，形状などが様々な二等辺三角形のすべて，すなわち，その概念にあてはまるものの集合のことです。本項の冒頭に載せた教科書の図で言えば，あ○え(け)こ の三角形の集合は，二等辺三角形の外延を示すものと言えます。それに対して，概念の内包とは，「２つの辺の長さが等しい」とか「２つの角の大きさが等しい」というように，その概念にあてはまるものが共通にもっている属性（性質）のことです。概念を理解するためには，概念の外延と内包の両方をはっきりとらえることが必要です。

③概念形成と概念達成

概念を理解するための方法として，概念形成と概念達成という２つの過程が考えられます。

概念形成というのは，二等辺三角形の例で言えば，様々な二等辺三角形を観察したり構成したりして，二等辺三角形に接する過程で，それらに共通する「３本の直線で囲まれている」，「２つの辺の長さが等しい」などの性質を見つ

け，その共通する性質をもつ図形にふさわしい「二等辺三角形」という名前をつけるということを指しています。

一方，概念達成というのは，二等辺三角形の特徴を知り，その概念に当たるものとそうでないものとを区別していくことによって，概念を明確にしていくことです。概念の理解は，概念形成と概念達成を繰り返しながら，次第に深められていくものであると考えられます。

(3) 図形の概念の理解のための指導過程

図形の概念の理解を図るための指導は，一般的には，次のような4つの過程を経て行われます。

①図形の観察や分類を通して共通する性質を見つけて，図形を定義する

第3学年の二等辺三角形や正三角形の学習では，教科書の多くは，89ページに載せた図のように，4種類の長さのストローを使って様々な三角形をつくり，できた三角形をなかま分けする活動から始められています。三角形を構成する活動の過程で，三角形の形に着目して観察し，それをもとにして，"同じ形のなかま"に分類する活動が行われます。分類の観点として，子どもたちは「3つの辺の長さが等しい」，「2つの辺の長さが等しい」など，辺の長さの相等関係に着目して，それを同類と見た三角形に共通する性質としてとらえることが多いと思われます。

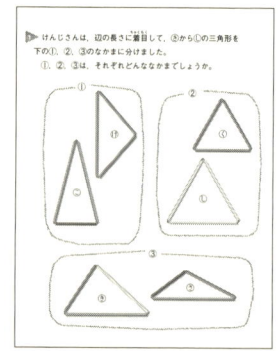

そこで，3つの辺の長さが等しい三角形に「正三角形」，2つの辺の長さが等しい三角形に「二等辺三角形」という名前をつける（定義する）ことにします。

この過程は，(2)で既述した，「概念形成」に当たる活動です。また，これに

作った三角形を分類する
3下 p66

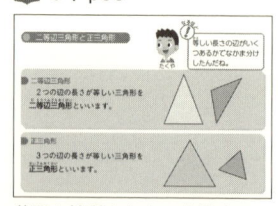

共通な性質をもとに定義する
3下 p67

よって，正三角形や二等辺三角形の内包が明らかにされていることがわかります。
②定義にあてはまるかどうか調べて図形を弁別する

正三角形や二等辺三角形の定義がわかったら，次に様々な三角形について調べ，定義に照らしてそれらの三角形が二等辺三角形や正三角形と言えるか言えないかを判断する「弁別」の活動を行います。これは，前項で述べた，「概念達成」に当たる活動です。これによって，正三角形や二等辺三角形の概念の外延が明確にされ，概念の理解が深まります。

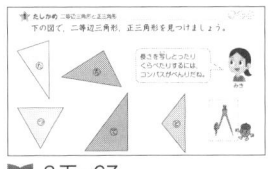

3下 p67

③定義に合わせて図形を作図する

続いて，定義をもとにして図形を作図する活動を行います。二等辺三角形であれば，2辺の長さが等しくなるように作図する，正三角形は3辺の長さがすべて等しくなるように作図することが大切です。これは，定義を根拠として筋道立てて考える演繹的な考え方がはたらく活動です。概念の理解という観点から考えると，これも，概念の意味を明確にする概念達成に当たるものととらえることができます。

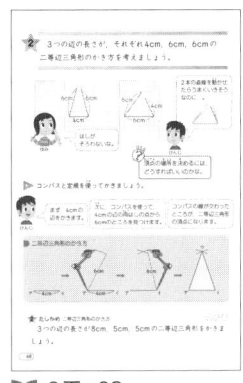

3下 p68

④図形を構成したり敷き詰めたりする活動を行い，図形の性質を見つける

図形学習の最後の過程では，図形のもつ性質について調べる活動を行います。①～③は，図形の定義にかかわる活動でしたが，ここでは定義とは別の視点から図形について調べます。その際，図形を折ったり切ったり重ねたり，あるいは合同な図形を敷き詰めたりする操作活動が大切になります。

次ページにある教科書の図のように，二等辺三角形を半分に折って重ねると，2つの底角が等しいことがわかりますし，同様の操作をもう一度行うことで，正三角形の3つの角が等しいことがわかります。また，正三角形や二等辺三角形を敷き詰めて模様をつくると，教科書にあるように，二等辺三角形2個の組み合わせでひし形がつくれることや，4個の組み合わせで大きな正三角形や二等辺三角形がつくれることなどに気づくことができ，図形についての感覚

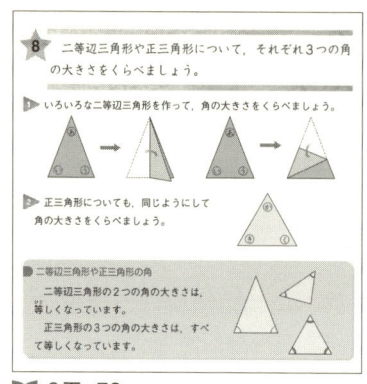

▶ 3下 p72

▶ 3下 p74

が養われます。

概念の理解という観点からは、角の大きさの相等という性質の発見は、概念形成の1つで、内包の理解を深める活動と見られます。このように、概念形成と概念達成とが交互に、繰り返し行われることで、概念の理解が深まっていくことがわかると思います。

(4) 図形の分類 (なかま分け) を可能にしている素地的体験

図形の学習では、分類 (なかま分け) が大切であると述べましたが、初めてその図形に触れる子どもたちが、図形の分類をすることができるのは、それまでの生活経験の中で、図形についての感覚が育ってきているからです。

幼児に、「さんかくをかいてごらん」と言うと、ほとんどの子どもが、下の図のような正三角形に近い形をかきます。「さんかく」という形を、およそ正三角形のような形としてとらえる感覚をもっているわけです。ですから、3年生に三角形をつくらせると、右の写真のように、正三角形を一つのなかまとしてつくり始める子が多くいます。授業は、そのような、子どものもっている素朴な感覚を土台にして進めていくことになります。

三角形をつくる活動

94

> アイディア
> 17
> きまりの説明の
> しかたの違いを
> 考えよう

帰納的な考え方や演繹的な考え方を育てる図形の内角の和の指導について考えましょう

研究課題

　新しい学習指導要領では，第5学年の三角形や四角形の内角の和の学習の場面で，帰納的に考え説明する活動や演繹的に考え説明する活動を行うことを，算数的活動の例として示しています。帰納的な考え方や演繹的な考え方は重要な数学的な考え方であり，これらの数学的な考え方を育てることは，算数教育の主要なねらいですから，その指導のあり方については，十分に研究しておく必要があります。

　ここでは，帰納的な考え方，演繹的な考え方，類推的な考え方などの数学的な考え方を育てるための図形指導の方法について考えましょう。

5下 p11

ここがポイント

① 正三角形，長方形・正方形など，既にわかっている図形の知識をもとにして見通しを立てる

② 複数の図形について調べ，いつでも成り立つきまりを見つける

③ 三角形の場合をもとにして四角形の場合について考え説明する

④ 五角形・六角形……の場合はどうかと発展的に考える

(1) 図形の内角の和に着目するきっかけ

第5学年の図形領域の内容は，学習指導要領に次のように示されています。

> **学習指導要領**
>
> (1)図形についての観察や構成などの活動を通して，平面図形についての理解を深める。
> 　ア　多角形や正多角形について知ること。
> 　イ　図形の合同について理解すること。
> 　ウ　図形の性質を見いだし，それを用いて図形を調べたり構成したりすること。
> 　エ　円周率について理解すること。

　どの項目もこの後の図形学習の基礎・基本となる重要な内容ですが，三角形・四角形，長方形・正方形，正三角形・二等辺三角形，平行四辺形・台形・ひし形など，基本図形の概念の理解を中心に扱ってきた第4学年までの図形領域の内容と比べて，かなり様子が違っていることがわかります。

　ここで取り上げる図形の内角の和は，上記の「ウ　図形の性質を見いだし，それを用いて図形を調べたり構成したりすること」の項の，「図形の性質」に含まれる内容として考えられていることがらです。第4学年までの，基本図形の概念を理解する学習の中では，角の相等や大小の関係を調べる活動は行ってきましたが，角の大きさの和や差を考える活動はしていません。ですから，「三角形の3つの角の大きさの和は何度になるでしょう」という問題は，子どもにとってはかなり唐突な問いであり，なぜ，角の和を考えるのか，その理由がよくわからないのではないかと思われます。

　そこで教科書では，右のように，様々な三角形を敷き詰める活動を行い，どんな形の三角形でもまっすぐに並べて敷き詰められることを見

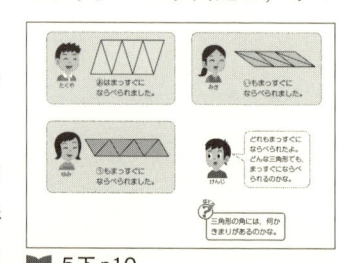

■ 5下p10

アイディア17
きまりの説明のしかたの違いを考えよう

つけ，3つの角を合わせるとまっすぐに並ぶという敷き詰めの性質と，内角の和の性質とを結びつけるという工夫をしています。

(2) 帰納的な考え方と演繹的な考え方

①学習指導要領や解説書に示されている算数的活動

　学習指導要領では，第5学年で行う算数的な活動として，「エ　三角形の三つの角の大きさの和が180°になることを帰納的に考え，説明する活動。四角形の四つの角の大きさの和が360°になることを演繹的に考え，説明する活動〔算数的活動(1)－エ〕」を例示しています。ここに述べられている帰納的な考え方，演繹的な考え方とはどのような考え方のことなのでしょうか。解説書では次のように説明されています。

> **解説書**
>
> 　帰納的に考えるとは，幾つかの具体的な例に共通する一般的な事柄を見いだすことである。ここでの活動は，いろいろな三角形を調べることを通して，三角形の三つの角の大きさの和が180°になることを考え，説明することである。
> （中略）
> 　演繹的に考えるとは，すでに正しいことが明らかになっている事柄を基にして別の新しい事柄が正しいことを説明していくことである。ここでの活動は，三角形の三つの角の大きさの和が180°であることを基にして，四角形の四つの角の大きさの和が360°になることを考え，説明することである。
>
> (p158～159)

②帰納的な考え方

　ここで述べられているように，帰納的な考え方とは，「いくつかの例に共通する一般的なことがらを見いだすこと」ですから，1つの三角形だけを調べればよいのではなく，複数のいろいろな形状の三角形について調べる必要があります。95ページに載せた教科書を見ると，そのことがよくわかると思います。

　三角形の3つの角の大きさの和が180°であることを調べる方法には，これ

も教科書に示されているように，ア）合同な三角形を敷き詰める　イ）分度器で測る　ウ）3つの角の部分を寄せ集めたりする　などの方法があります。

　このようにして見つけたきまりは，次の四角形の内角の和の学習のもとになることがらです。ですから，例えば右の写真のようにして，教室に掲示しておくと，四角形の内角の和について考える根拠として活用することができます。また，写真ではまとめの言葉として，「どんな三角形でも，3つの角の大きさの和は180°である」とあげており，見い出したきまりがどんな三角形でも成り立つ一般的なものであることを明確にしています。このことは，帰納的な考え方の重要なポイントですので，このような文言で表して意識化を図ることが大切です。

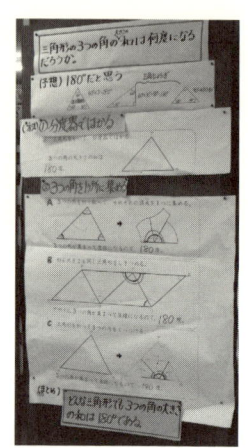

既習事項の掲示

③演繹的な考え方

　四角形の内角の和について考え説明する方法として，学習指導要領の算数的活動では演繹的な考え方をすることが示されています。演繹的な考え方とは，どのように考え説明することかというと，解説書（p159）には，

①四角形を1本の対角線で二つの三角形に分けて考える方法で，三角形の三つの角の大きさの和が180°であることをもとにして，180°の2倍から360°を導き出す方法

②四角形の内部に点Eをとり，点Eと各頂点とを結んだ直線で四つの三角形に分けて考える方法で，三角形の三つの角の大きさの和が180°であることをもとにして，180°の4倍から点Eの周りの角の大きさである360°を引いて360°を導き出す方法

の2つの方法が代表的な例であると紹介しています。

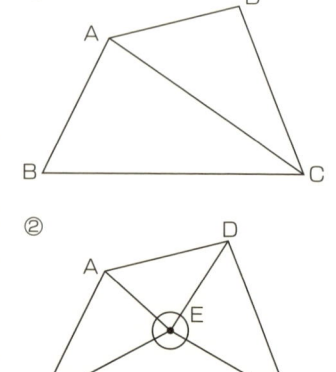

> アイディア17
> きまりの説明の
> しかたの違いを
> 考えよう

　①のようにどんな四角形でも対角線によって２つの三角形に分割することができますから，この方法によれば，帰納的な考え方の場合のようにいくつもの四角形について調べなくても，どんな四角形の内角の和も360°になることを説明することができます。それが，演繹的な考え方のよさであることを，子どもたちにとらえさせることが大切です。

　②の方法は，余分な点Eの周りの角の大きさをひくので，一見，面倒な方法であるように思えます，この方法には大切なことがらが含まれています。

　その１つは，点Eの周りの角が，求める四角形の内角の和から考えると余分なものであると判断している点です。どういうことかというと，①の方法は，四角形を二つの三角形に分けていることから，四角形の内角の和が三角形の内角の和の２倍になっていると考えているのですが，しかし，それでは少々説明不足なのです。もう少し詳しく考えてみると，求めるのは四角形の内角の和なのですから，２つの三角形の内角の和と四角形の内角の和とが確かに等しいということをきちんと説明する必要があるのです。

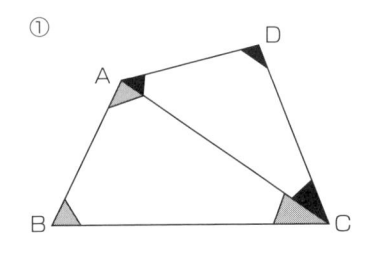

　そのためには，右の図のように，２つの三角形の合計６つの内角の和（◨と◤で表している）が，四角形の４つの内角の和と過不足なく一致していることを明確にしなければならないのです。②の方法では，余分な点Eの周りの角を加えてしまったものから，その余分をひく考え方をしていますから，三角形の内角と四角形の内角との過不足について，必ず考えることになります。その意味でこの方法が理解できれば，より確かな説明ができるだろうととらえられる方法であると言えます。

　②の考え方のもう１つの特徴は，五角形や六角形……などの内角の和を考えるとき，対象とする多角形の辺の数と内側にできる三角形の数とが一致するので，式の意味がわかりやすいということがあります。すなわち，五角形の場合は，180×５－360，六角形の場合は，180×６－360で内角の和が求められることの説明が容易にできます。

(3) 類推的な考え方・特殊化の考え方・発展的な考え方

　三角形や四角形の内角の和の学習では、帰納的な考え方や演繹的な考え方の他にもいろいろな数学的な考え方がはたらきます。

　四角形の内角の和について考える場面では、直前に学習した三角形の場合と同じ方法が使えるのではないかと考え、分度器で4つの角の大きさを測ったり、4つの角を寄せ集めたり、合同な四角形を敷き詰めたりする方法で調べることができます。このような考え方が類推的な考え方です。

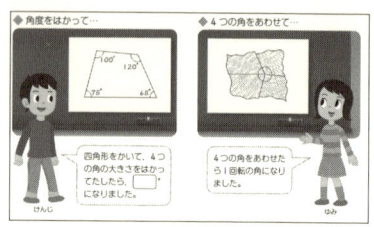

5下 p12

　また、三角形の内角の和が180°になることは、既習の正三角形、三角定規の2種類の三角形などの知識から予想することができます。また、四角形の場合は、長方形や正方形についての知識を使えば、内角の和が360°になりそうだと考えることができます。これらの図形は特殊な図形ですから、どんな三角形、どんな四角形の場合でもそうなるかどうかは確かめなければなりませんが、結果の見通しをもって調べることができるので、このように、特殊な図形をもとにして考える特殊化の考え方も問題の解決には有効な手段です。

　三角形、四角形の場合について調べて、結果が得られたら、さらに、五角形、六角形、……などに対象を広げて考えてみたいと考えることも、算数を学習する態度としては大切です。発展的な考え方、あるいは、多角形全体について言えるきまりを見つけようとする一般化の考え方、表などを用いて順序よく調べてきまりを見つける関数的な考え方など様々な数学的な考え方をはたらかせることになります。

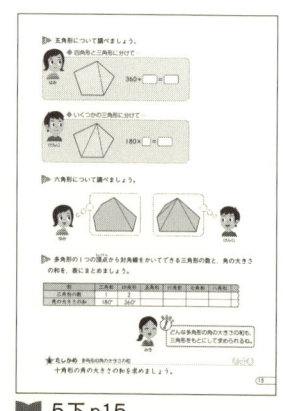

5下 p15

アイディア 18
円の内側や外側に
正多角形をかい
て考えよう

円周率や円の求積の指導はどのように工夫したらよいか考えましょう

研究課題

円は整った美しい形をしています。日常生活の様々なところにある最も基本的な図形の1つで，数学的にも日常生活の上でもとても重要な図形です。しかし，円は曲線図形であるので，円周の長さを求めたり面積を求めたりする計量の考え方や方法については，直線図形にはない難しさがあります。

円の学習では，曲線図形である円を直線図形と関連づけるために，円周率や正多角形にかかわる内容が重要になります。

ここでは，円の指導のあり方について，円周率や正多角形，円の求積などを視点にして考えてみましょう。

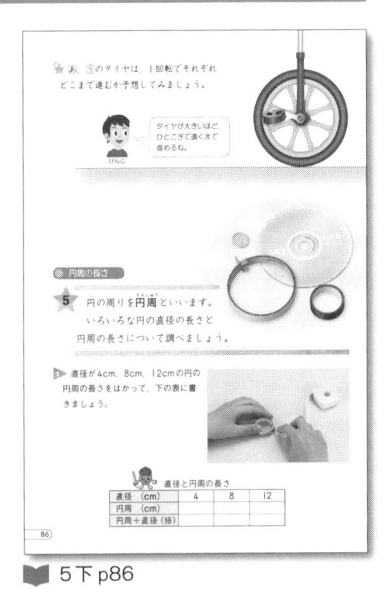

▶ 5下 p86

ここがポイント

① 正多角形を作図したりつくったりする活動を通して，正多角形と円との関係をとらえる
② 円と正多角形とを関連させて，円周率のおよその値を考える
③ 円周率の歴史を調べ，なぜ円周率が大切なのかを考える
④ 正多角形を利用して，円の面積の求め方を考える

(1) 円周率の魅力

次に示すのは，筆者が小学校の校長として行った卒業式の式辞の一部です。

　皆さんは，「円周率」について勉強しましたね。すぐに，「3．14」という数値を思い浮かべることでしょう。円の面積を求める問題で，こんな半端な数が出てこなければ計算が楽でいいのにと恨めしく思った人もいたのではないかと思います。

　でも，実はこの円周率の発見は，人類にとってとても大事なできごとでした。なぜかというと，円という最も形の整った美しい図形を，直線という測ったりかいたりしやすい図形に置き換えて処理することができるようになったからです。

　大昔，四千年も前の時代にも，バビロニアという国の人々は円周率がおよそ3になることを知っていました。

　円周率がおよそ3.14になることを発見したのは，今から2300年ほど前，ギリシアの国のアルキメデスという数学者であったと言われています。アルキメデスは，円の内側と外側に正96角形をかいて，円周率が$3\frac{10}{71}$より大きくて$3\frac{1}{7}$より小さいことを見つけたのです。そして，アルキメデスの後の数学者は，円周率の本当の値を知りたくて，世界のいろいろな国の人が円周率を詳しく計算する競争を始めたのです。

　5世紀の中国の数学者，祖沖之が見つけた3.1415926という値は，16世紀になるまで千年以上も破られないすばらしいものでした。オランダの数学者のルドルフという人は，円周率の魅力にとりつかれて一生をその計算に捧げ，40桁もの値を求めたということです。

　このような計算競争をしたおかげで，人類は計算や図形についての様々な発見をすることができました。そして，「円周率というのは，ぴったり計算できる数ではなく，しかも数の並び方に特別のきまりがない無限に続く数」であることを証明したのです。

　無限ということは，宇宙とか，時間とか，人間にとっては自分の存在の意味を

> アイディア18
> 円の内側や外側に
> 正多角形をかいて
> 考えよう

考えるためにとても興味深いことがらです。この無限という考えに行き着いてからは，計算競争はしばらく下火になったのですが，最近また円周率の計算競争が激しくなってきています。

その理由は，円周率をコンピュータで求めるようになって，コンピュータのプログラムやコンピュータの性能を確かめるために，円周率の計算競争をすることが意味あることだと考えられるようになったからです。現在は，日本の東京大学で，およそ2061億桁まで計算ができたというのが世界記録なのだそうです。

今お話した何千年もの間の円周率への取り組みは，多くの数学者が，円周率について強い関心をもち，その魅力にとりつかれ，ある時代には正しい値を求めることに命をかけ，またある時代には無限の数であることを証明することを生きがいとして，そしてまた次の時代には，ハイテクの技術の向上を夢に見て取り組んだ人々の歴史であったわけです。

このようなことを調べてみると，人類が創り上げてきた文化はそれぞれの時代に生きた一人一人の人が描いた素朴な夢が次々に受け継がれ，大きな流れとなって実ったものだということがよく分かると思います。

（平成12年3月24日・日野市立三沢台小学校）

円周率計算の最新情報をインターネットで調べてみると，2010年には，デスクトップパソコンで5兆桁まで計算したという記事もあり，技術革新のスピードの速さには驚かされます。

上述の式辞は，「夢」をテーマにした内容ですが，円周率は，人類にとって，あるいは数学者たちにとって，自らの夢を託せるほどに魅力的な数値であったことが伝えられたのではないかと思います。

その，円周率の魅力の第一の要素が，曲線の長さを直線の長さに置き換えることの

5下 p89

できる数値であるということだと思います。

(2) 正多角形と円

　曲線図形である円を直線図形に置き換えるためには，円と関係の深い直線図形である正多角形についての知識が不可欠です。新しい学習指導要領では，第5学年の内容として正多角形が戻っていますが，この学年で正多角形を学習することは，円周率について調べたり，円の求積の方法を考えたりするための基盤としてとても重要です。実際，円周率の歴史を調べてみると，数学者たちも正多角形を使って円周率の求め方を考えたことを知ることができます。

　そこで，まず，正多角形の学習内容について調べてみようと思います。

① 正多角形の作図・構成のしかた

　教科書では，正多角形の作図・構成のしかたとして，ア) 折り紙を折って，正八角形をつくる　イ) 円の中心の周りの角を等分して作図する　ウ) 円周を半径の長さで区切って正六角形を作図する　の3通りの方法が紹介されています。

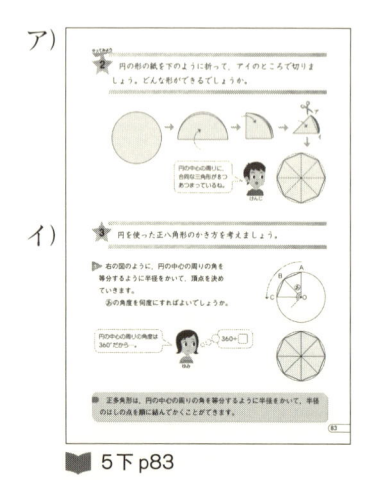

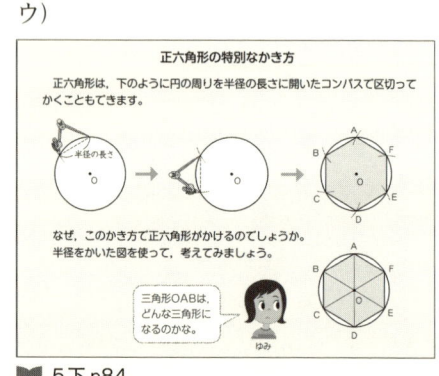

ア)

イ)

▬ 5下 p83

ウ)

▬ 5下 p84

　例えば，ア) の方法で正十六角形をつくったり，イ) の方法で正二十角形を作図したりすると，正多角形の角の数が増えるにしたがって，ほぼ，円と見てもよいくらいに，正多角形の形が円に近づいていくことがとらえられます。これは，後

アイディア 18
円の内側や外側に
正多角形をかいて
考えよう

に，円の求積のしかたを考えるときの重要な着眼点になることがらです。

また，ウ)の方法は，正六角形の作図に特有な方法ですが，この結果を生かして円周率の値が3より大きいという見通しをもつことができるようになります。なぜかというと，ウ)のようにして作図した正六角形の周の長さは，半径の6倍の長さであることが明らかですから直径の3倍の長さです。その外側にある円周の長さは，正六角形の周の長さより長いことも明らかです。したがって，円周の長さは直径の長さの3倍より長い，すなわち円周率が3より大きいことが説明できたということになります。

②円周率の値の見積り

円周率がどのような値になるのかということを調べることは，先に述べたように，数学者たちが生涯をかけて行うほどの大変な作業ですが，おおまかに円周率の値をとらえることは，小学生の学習課題としても成り立つ内容です。具体的には，101ページに載せた教科書のように，様々な円形のものの直径と円周の長さを測定して，円周と直径の長さの割合を求める活動を行います。すると，およそ3くらいの値になるという程度の精度ですが，円周率のおよその値を見つけることができます。

円周率が3.□□……になることは，下の図のように円に内接する正六角形と，外接する正方形をかいてみることで見積ることができます。①で説明したように，内接する正六角形の周の長さより円周が長いので，円周率は3より大きいことがわかります。また，外接する正方形の周の長さは直径の4倍ですから，円周率が4より小さいこともわかります。また，どちらかというと内接正六角形に円の形が近いので，円周率は4よりは3に近いだろうと推測することができます。

円周は直径の3倍より長い
円周は直径の4倍より短い

このような見積りをもとにして，

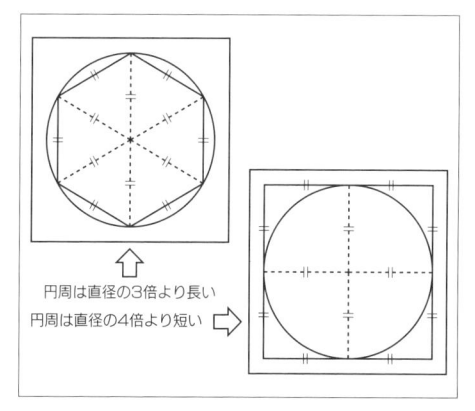

様々な円形のものを測定する活動を行うと，測定ミスや計算間違いなどの大きな失敗を防ぐことができます。

③円周率の値

円周率の値が，3.141592……と無限に続く数値であることは教える内容であり，普通は，3.14という数値を用いることも教えなければなりません。教科書などの資料を使ってしっかり教えることが肝要です。

(3) 円の求積公式

円の求積公式，（円の面積）＝（半径）×（半径）×（円周率）は，右図のような考え方で導かれます。すなわち，円を細かい扇形に分けて並べ替えてできる形が，分け方を細かくすればするほど長方形に近づき，その長方形の２辺の長さが半径と円周の半分と見なせることから，（半径）×（円周の長さ）÷２として，それが，（半径）×（半径）×（円周率）という式に整理できることを説明します。

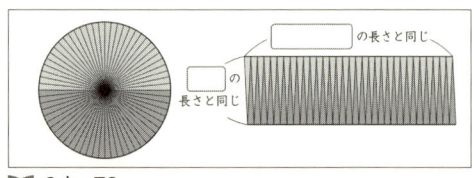

このように円を細かい扇形に分ける発想は，正多角形の学習で，正多角形の角の数を増やせば増やすほど円に近づくという経験を積んでいることで理解しやすくなることがらです。

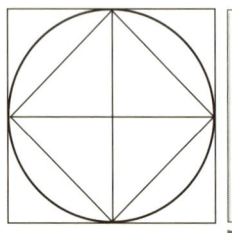

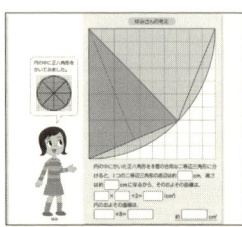

また，公式を導くに当たって円の面積を見積る活動を行うことがありますが，その際も，円と内接正方形，外接正方形の大きさを比べたり，内接する正多角形の面積を求めて近似的に円の面積を求めたりします。このように，円周率や円の求積など円の計量にかかわる課題は，円と関係の深い直線図形である正多角形に着目して解決することが多い，ということを踏まえて指導に当たる必要があります。

アイディア 19
自分の位置を
想像する活動を
大切にしよう

空間にあるものの位置関係を把握したり想像したりする力を育てる指導について考えましょう

研究課題

　図形領域の指導のねらいの一つに，空間観念を育てることが挙げられます。空間観念というのは，立体についての理解，3次元空間についての理解といった，いわゆる空間概念を含み，空間にあるものの位置関係を把握したり想像したりする力など，生活経験などによって身に付ける視覚的・知覚的な直観力，想像力などを総合したものと考えられています。

大きな箱でお店をつくろう

　空間観念を育てるための内容は，立体図形にかかわる内容やものの位置にかかわる内容が直接的な項目ですが，当然図形の敷き詰めの活動など，平面図形にかかわる内容も含まれます。

　ここでは，その空間観念の育成にかかわるいくつかの教材例・実践例などを中心に，指導の工夫について調べてみましょう。

ここがポイント

① 大きな図形をつくったり作図したりする
② 自分の位置を俯瞰してとらえるような活動を行う

(1) 学習指導要領に示されている内容

学習指導要領に示されている，空間観念にかかわる指導の内容を挙げると次のようになります。

①立体図形

第1学年：身の回りにあるものの形（ものの形を認めたり，形の特徴をとらえたりすること）

第2学年：箱の形（頂点，辺，面）

第3学年：球（球の中心，半径，直径）

第4学年：立方体，直方体（直線や平面の平行や垂直，直方体・立方体の見取図や展開図）

第5学年：立方体及び直方体の体積の求め方，角柱や円柱（角柱，底面・側面，円柱の見取図や展開図）

第6学年：角柱及び円柱の体積の求め方（「量と測定」領域）

②ものの位置

第1学年：前後，左右，上下などの方向や位置に関する言葉を用いてものの位置を言い表すこと

第4学年：ものの位置の表し方（平面上にあるもの，空間の中にあるもの）

このように項目を挙げてみると，立体図形の概念の指導が中心で，ものの位置にかかわる内容が少ないことがわかります。空間観念を育てるためには，位置関係の把握にかかわる活動の充実を図ることが必要であると感じられます。

(2) 大きな図形をつくったり作図したりする活動を取り入れる

空間観念を育てるための活動を充実させると言っても，そのために特別な単元を設定したり，教科書の内容と大きく異なる教材を開発したりすることは，なかなか難しいことです。そこで，まず教科書などで指導する内容を，少しふくらませて指導する方法を考えてみます。

教科書などの単元は，基本図形の概念の理解を中心にした内容で構成されて

> アイディア19
> 自分の位置を
> 想像する活動を
> 大切にしよう

いますから，その内容を少しふくらませて，空間についての認識を深める活動を取り入れてみようというのです。

　見出しに掲げた，大きな図形をつくったり作図したりする活動は，その1つの方法であると考えられます。どのようなことをするかというと，自分がすっぽり入ってしまうような大きな立体をつくったり，校庭いっぱいに図形をかいたりする活動を取り上げてみようということです。

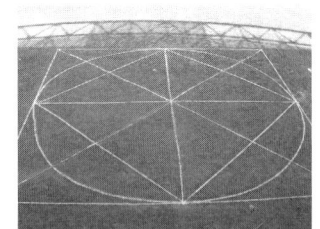

　例えば，校庭いっぱいに基本図形を使った模様を作図するとなると，作図の過程では，それらを俯瞰できる位置から仕上がり模様の全体，図形の全体を見ることを想像しながら図形を描くことになります。このようにしないと，仕上がり模様全体の統一性が保てなくなります。つまり，設計図を念頭に描きながら，自分は図形の中に入り込んで，部分部分の作業を図形の定義などにしたがって，手順よく進める活動を行うことになります。活動自体は基本図形の作図の活動ですが，このような活動を行うことで，対象となる図形やその図形の構成要素の位置関係についての意識化が図れると考えられます。

大きなもようづくり

　このような活動は立体図形についても行うことができます。右の写真は，子どもが入ることのできる大きな箱を組み立ててお店をつくり，お店の内装や商品を置く位置などを考

お店に入ってみよう

えて，その配置を箱の内側にかきこむ活動を行っているところです。ここでは，机上で直方体や立方体を組み立てる作業では考えることがない，立体を内側からとらえる見方がはたらくことになります。空間観念は，空間にあるものの位置を観察して把握したり想像したりする経験を積むことによって深められ

るものであると考えると，図形をいつも外から見るだけでなく，図形の内側から観察したり，外からどのように見えるのかを想像したりする活動が大切であると思われます。

(3) 開発教材の例 ＝スカイツリーを探せ＝

空間観念を育てるために，自分の位置を俯瞰してとらえる活動を促すことをねらいとして開発した教材を紹介することにしましょう。

＜授業展開の概要＞

①ア）の地図とイの写真を見比べて，地図の●，▲，◆の印と写真のビルとを対応させて，地図の★の位置から見たときに，スカイツリー（地図の🗼のマーク）が写真のどの位置に見えるか考える。

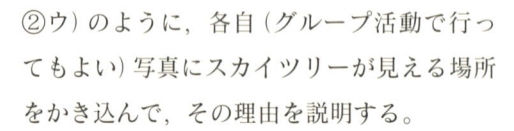

②ウ）のように，各自（グループ活動で行ってもよい）写真にスカイツリーが見える場所をかき込んで，その理由を説明する。
（実物の模型などを用意して，実際にどう見えるかを確かめるとよいが，それが難しければ同じ場所から撮影した写真で確かめる）

③エ）の写真のような位置にスカイツリーが見える場所はどこかを考え，ア）の地図に印をつける。

（教材提供：常磐松算数研究会・日野市立日野第二小学校・青木裕子主幹）

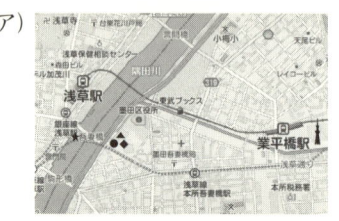

アイディア **20**
順序よく整理して
見つけたきまりを
活用しよう

関数の考えを用いるよさや楽しさが味わえるようにする指導の工夫について考えましょう

研究課題

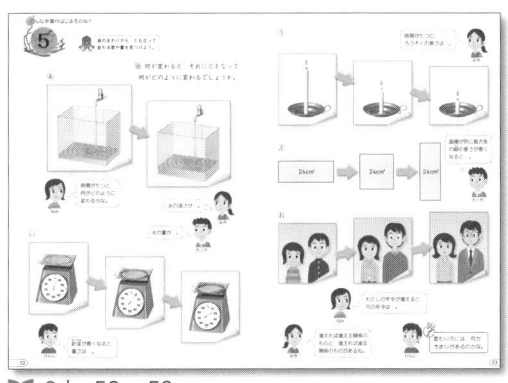

6上 p52〜53

　関数の考えは，数量や図形について取り扱う際に，それらの変化や対応の規則性に着目して問題を解決していく考え方です。数量や図形の内容をよりよく理解したり，数量や図形にかかわる問題を解決したりする際に欠かせない大切な考え方です。

　関数の考えで大切なことは何かを調べ，順序よく整理してきまりを見つける活動の楽しさが味わえるような指導の工夫について考えましょう。

> **ここがポイント**
> ① そのことは何によって決まることなのかという依存関係に目をつける
> ② 順序よく整理して調べ，変化のきまりを見つける
> ③ 数量の対応のきまりを，式・表・グラフなどに表したり，表・式・グラフからきまりを読み取ったりする

(1) 関数の考えとは

　数量関係領域の内容は，①関数の考え　②式の表現と読み　③資料の整理と読み　の3つに分けて整理することができます。関数の考えについては，解説書では次のように説明されています。

> **解説書**
> 　第一に，ある場面での数量や図形についての事柄が，ほかのどんな事柄と関係するかに着目することである。例えば，ある数量が変化すれば，ほかの数量が変化するのかどうか。ある数量が決まれば，ほかの数量が決まるのかどうか。ある図形の要素などが決まれば，ほかの要素や事柄が決まるのかどうか。そうした関係に着目することで，二つの事柄の間の依存関係を調べることができるようになる。これが，関数の考えの第一歩である。その際，考察の対象となる事柄の範囲を明確にすることも大切である。
> 　第二に，二つの事柄の変化や対応の特徴を調べていくことである。伴って変わる二つの数量の間には，変化の規則性などの関係を見付けられることがある。数量やその関係を言葉，数，式，図，表，グラフを用いて表し，そのように表現されたものから，さらに詳しく変化や対応の規則性の様子を読み取ることもできるようになる。
> 　第三に，上のようにして見いだした変化や対応の規則性を，様々な問題の解決に活用し，その思考過程や結果を表現したり，説明したりすることである。
>
> （p50：下線は筆者による）

　ここに示された，①依存関係に目をつけること　②順序よく整理して調べ，きまりを見つけること　③式・表グラフなどできまりを表現すること　の3つを指導のポイントとしてとらえて，具体的な指導のあり方について考えたいと思います。

> アイディア20
> 順序よく整理して見つけたきまりを活用しよう

(2) 依存関係に目をつけること

　問題解決の立場から関数の考えをとらえると，前述の説明の「第一に」述べられているように，ある数量を調べるためにそれと関係のある他の数量をとらえて，それらの数量の間にある関係に着目して当初の問題を解決するというはたらきをする考え方であると言えます。

　例えば，〔アイデア18〕で調べた円周率は，曲線図形で計量がしにくい円についての問題を解決するとき，円周の長さと関係のある直径という直線の長さに着目して，その円周と直径との長さの関係を見い出して，円周の長さを直径の長さに置き換えて解決しようという発想から生まれたものと考えられます。ここで見い出されたきまりが，円周と直径の比率が一定でその値がおよそ3.14（円周率）であるということです。

　このように，ある数量が何によって決まる数量か，あるいは，何が変化すればそれに伴って何が変化するのかということを考えることが，問題解決の第一歩になります。算数・数学の問題の解決は，既習の解決方法のわかっていることがらと関連づけて，既習のことがらに帰着させて解決することが多いので，関数の考え，依存関係に着目する考えをはたらかせることが大切であることがよくわかります。

　長方形の求積公式をつくり出す場面では，1辺が1cmの正方形を単位として，それがいくつ分あるのかを数えるために縦横にならんだ単位正方形の数を数えます。そして，その縦横にならぶ正方形の個数と，長方形の縦横の長さとが一致していることから，長方形の面積は縦横の長さを測定することで求められると考え，（長方形の面積）＝（縦）×（横）という公式を得ることができました。すなわち，長方形の面積が縦の長さと横の長さによって決まる数量であることを導き出したのです。ここでは，単位とする面積のいくつ分を求めるという面積の測定の意味にもとづいて問題を解決する過程で，長方形の面積を決定している要素を発見する活動が行われています。

　小学校では，面積の公式や速さの公式，あるいは，言葉の式として数量の関

係をまとめた式などを学習しますが，それらの公式は，求めようとしている数量がどんな数量によって決まるのか，依存関係を表しているということができます。面積の場合だと，公式は二つの長さの積の形で表されています。これは，面積という２次元の量を直接測定するのではなく，長さという１次元の量を測定して計算で求めることができるという意味（間接測定）を表しています。

この考え方を活用して，次のように円の求積公式を考えることができます。

●第６学年：円の面積の求積公式を導く指導

① 既習の長方形・正方形，平行四辺形，三角形などの面積の公式の特徴を振り返って，円の面積の公式がどのようになるか予想する。

T：これまでに学習した面積の公式はどのようなものがありましたか。

C：長方形の面積＝たて×横　　　正方形の面積＝１辺×１辺
　　平行四辺形の面積＝底辺×高さ　　三角形の面積＝底辺×高さ÷２
　　台形の面積＝（上底＋下底）×高さ÷２
　　ひし形の面積＝対角線×対角線÷２

T：どのようなところが共通していますか。

C：どれも２つの長さをかけている。

C：台形は（上底＋下底）×高さ÷２だから，３つの長さが出てくる。

C：でも，上底と下底はたしているだけだから，かけているのは２つの長さと言える。

T：このことから，円の面積の公式はどんな式になると予想できますか。

C：円は，直径や半径が決まれば形が決まるから，直径×直径とか，半径×半径というように２つの長さをかける式になると予想できる。

C：円周の長さと直径をかけることもあるかもしれない。

② 面積の公式は，対象となる図形を既習の似た図形に変形させて導き出したことを想起し，円は，どんな図形に変形させることができるか考える。

T：これまでの面積の公式を考える学習ではどのように考えましたか。

C：平行四辺形は長方形，三角形は長方形や平行四辺形など，面積の求め方がわ

アイディア 20
順序よく整理して見つけたきまりを活用しよう

かっている図形に形を変えて考えた。
T：そうすると，円の面積はどんな図形との関係を考えればよいと思いますか。
C：形が似ている正多角形にすればよい。
③ 円に内接する正多角形をかき，その面積を求め，円の面積の近似的な値を求める。
T：では，半径 10cmの円の内側にぴったり入る正十二角形と正二十角形をかいてその面積を求め，円の面積の公式がどんな式になるか考えてみましょう。
C：(内接正十二角形) $5.2 \times 9.7 \div 2 \times 12 = 302.64$ (cm²)
C：(内接正二十角形) $3.1 \times 9.9 \div 2 \times 20 = 306.9$ (cm²)
C：正多角形を細かい二等辺三角形に分けて二等辺三角形の面積を求めて 12 倍とか 20 倍する。二等辺三角形の高さは，だんだんと円の半径の長さに近づいていく。また，底辺の長さを 12 倍，20 倍すると円周の長さに近づいていく。
C：円の面積の公式は，半径×円周の長さ÷2になりそうだ。
④ 教科書で取り上げられている下の図のような考えを知り，円の面積の公式を導く。（以下略）

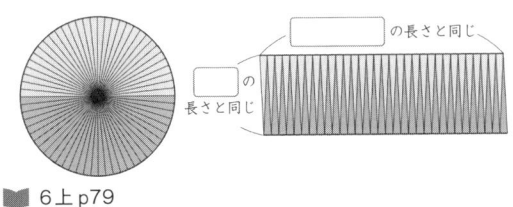

6上 p79

(3) 順序よく整理して調べ，きまりを見つけること

順序よく整理して調べてきまりを見つける活動は，算数の学習では第1学年から繰り返し行われています。例えば，次ページの教科書の図のように，数の合成・分解（いくつといくつ）の学習では，「5は1と2，2と3，……」，「10は1と9，2と8，……」というように順序よく並べることで，落ちや重なりなく調べることができます。また，一方が1増えるともう一方が1減るというきまりも見つけられます。

1年p29 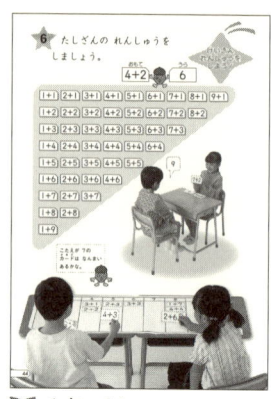　　　　　1年p44 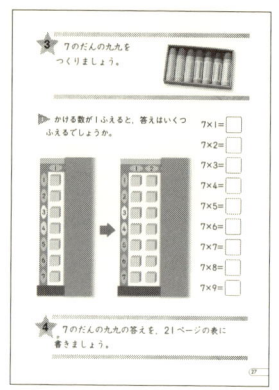　　　　　2下p27

　この考え方は，たし算やひき算のカードづくりなどの学習でも全く同様なはたらきをすることになり，計算の性質を発見したり，確認したりする際の基本的な考え方として活用されます。さらに，第2学年のかけ算九九の学習では，九九を順に並べてそれぞれの式の意味を考え，乗数が1増えると積が被乗数分増えるというきまりを見つけ，そのきまりを拠り所として九九を構成するという活動が行われます。

(4) 数量の対応のきまりを，式・表・グラフなどに表したり，式・表グラフからきまりを読み取ったりすること

　上述のように，順序よく整理して調べきまりを見つける考え方は，算数の様々な学習場面で使われるとても重要な考え方なのです。
　順序よく整理して調べきまりを見つけるときに有力な方法が，式や表，グラフなどに表すことです。式，表，グラフに表すことで，2つの数量の関係をわかりやすく表現することができますし，式，表，グラフ式を手がかりにして，2つの数量の間にあるきまりを新たに発見することができるようになります。このような式，表グラフなどのよさを味わうことによって，それらを積極的に活用しようとする態度が育ち，関数的な考え方の力が身についていきます。次に示すのは，表に表すことのよさを味わわせる指導の例です。

アイディア 20
順序よく整理して見つけたきまりを活用しよう

> ワークシート

＜第2学年：「九九のひみつをみつけよう」＞

九九のひみつをみつけよう

☆ 3のだんの 九九の 答えの 一のくらいの 数字を 線で つないで みましょう。
　　ほかの だんでも やって みましょう。
◇ 0から はじめて さいごに 0に もどります。

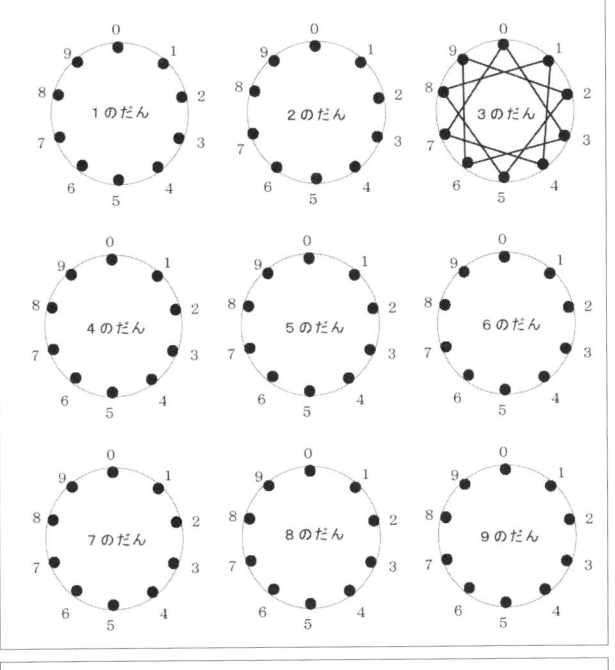

（1のだん）（2のだん）（3のだん）
（4のだん）（5のだん）（6のだん）
（7のだん）（8のだん）（9のだん）

1 なんの だんと なんの だんが なかまに なりますか。

　　（　）の だんと （　）の だん
　　（　）の だんと （　）の だん
　　（　）の だんと （　）の だん
　　（　）の だんと （　）の だん
　　（　）の だんと （　）の だん

> みつけたよ 九九の ひみつ（その1）

① かけ算九九の一の位の数字を線で結んでできる模様づくりの活動を行う。左のワークシートでは，3の段を例にして説明している。やり方がわかったら，各自で残りの段の九九についての模様づくりの活動を行う。

② 紙面の都合で，ワークシートの一部を掲載しているが，でき上がった模様を観察して，同じ模様のもの同士になかま分けする。

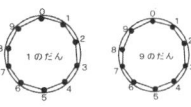

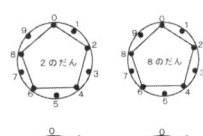

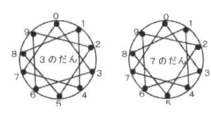

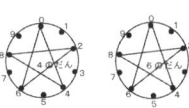

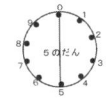

（1のだん）（9のだん）
（2のだん）（8のだん）
（3のだん）（7のだん）
（4のだん）（6のだん）
（5のだん）

同じ形のもようの段の数をたすと10になっているというきまりを見つける。

ワークシート

2 おなじ もようの だんどうしの 一のくらいの 数字の ならびかたには どんな きまりが あるでしょう。

> おなじ もようの だんの 一のくらいの 数字を ならべて しらべると わかりやすいね。

1のだん	1	2	3	4	5	6	7	8	9
9のだん	9	8	7	6	5	4	3	2	1

2のだん	2	4	6	8	0	2	4	6	8
8のだん	8	6	4	2	0	8	6	4	2

3のだん	3	6	9	2	5	8	1	4	7
7のだん									

4のだん	4	8	2	6	0	4	8	2	6
6のだん									

みつけたよ 九九の ひみつ (その2)

③ 同じ模様の段の一の位の数を，九九の順に並べたときのようなきまりがあるかを調べる。左のワークシートのように，表で表して，それぞれの九九の一の位の数字を対応させる。

C：1の段は1から順に，9の段は9から逆の順に数字が並んでいる。

C：1の段の一の位の数と，9の段の一の位の数をたすとどれも10になる。

C：2の段と8の段も，数の並び方が反対になっていて，上と下の数をたすと，どこも10になる。

C：3の段と7の段，4の段と6の段も同じきまりがあるかどうか調べてみよう。

C：(3の段と7の段，4の段と6の段についても表で調べて) やはり，思った通り，上と下の数をたすとどこも10になっている。

④ 表の数をよく調べて，いろいろなきまりを見つけて楽しむ。
T：表の数をよく調べてみると，まだまだいろいろなきまりが見つかりますよ。おもしろいきまりが見つかった人は教えてください。
C：上と下の数を斜めにたすと，いつも同じ数になる。

1のだん	1	2	3	4	5	6	7	8	9
9のだん	9	8	7	6	5	4	3	2	1

◯の合計は11になる。
の合計は9になる。

C：ほんとうだ。2の段と8の段だと12と8になるし，3の段と7の段だと13と7になる。一の位の数が2つの段の数になっている。表を使うときまりがたくさんみつかるね。

アイディア 01 式を使って考えの交流をしよう

式で表したり式を読んだりする力を育てるためにはどのような指導をしたらよいでしょうか

研究課題

4上 p69〜70

　式は，算数・数学の言葉と言われています。実際，算数の問題解決の場面では，式を立て，式を計算して処理をしたり，解決の方法を説明したりします。コンピュータの発達した今日でも，そのコンピュータを動かすために式が重要なはたらきをすることが多くあります。

　式は，どのようなはたらきをしているかについて調べ，それをもとにして，式についての理解を深めるための指導のあり方について考えましょう。

> **ここがポイント**
> ① 具体物を操作したり図を使ったりして考えたことを，式で表す
> ② 式の意味を読み取って，具体物を操作したり，図に表したり，言葉で説明したりする「式を読む」活動を多く行う

119

(1) 式についての基本的なことがら

①式とは

　式は，思考の対象となることがらや関係を数字や記号を使って表したものです。式は複雑なことがらや関係を，正確に，明瞭に，また一般的に表すことができる優れた表現方法で，式を使うことによって考えを進めて問題を解決したり，考えを人に伝えたり，考えを深めて新しい概念を作り上げたりすることができます。

②式で用いられる記号

　式で用いられる記号としては，小学校では次のようなものを指導します。

　ア　対象を表す記号……数字，□・△・○などの記号，a・b・cなどの文字
　イ　操作を表す記号……＋・－・×・÷などの演算記号，（　）
　ウ　関係を表す記号……＝・＞・＜などの等号・不等号

　また，「縦の長さ」を「た」，「横の長さ」を「よ」と略して書くというように，非公式な記号を用いることもあります。

③ことがらを表す式と関係を表す式

　式には，「ことがらを表す式」と「関係を表す式」があります。

　2＋3という式は，「2に3を加える」という操作を表すと同時に，「2より3大きい数」ということがらを表しています。つまり，5という数がどのように構成されているかという，数の別の表現方法としてもとらえられます。このように，等号や不等号を含まない式のことを「フレーズ型の式」とよぶことがあります。

　一方，2＋3＝5という式は，「2に3を加えた数は5と等しい」というように2つのことがらの関係を表しています。等号や不等号などで結んだこのような式のことを，「センテンス型の式」とよぶことがあります。数量の関係は，関係を表す式によって表現されますから，関係を表す式の理解が大切であることは言うまでもありませんが，そのためには，式の左辺や右辺にある式が，どのようなことがらを表しているのかという意味をきちんと把握していなければ

> アイディア21
> 式を使って
> 考えの交流を
> しよう

なりません。既述したように、ことがらを表す式は、操作を表す意味と同時にそれ自体が1つの数量を表しているという見方が大切になります。

④分解式と総合式

　119ページにあげた教科書にあるように、「500円玉を持って買い物に行き、230円のパンと150円のジュースを同じ店でまとめて買ったときに残るお金が何円か」を求める問題で、買い物をした代金は、230＋150＝380（円）、500円玉を出してもらったおつりは、500－380＝120（円）というように、順に計算しながら書いていく式が分解式です。また、500－(230＋150)のように1つにまとめて表した式が総合式です。

　分解式は、1段階ごとに計算の処理をしながら考えを進めていきます。1段階ごとに1つの式を立てて処理しているので、一つ一つの式の形が単純で、式をどのように計算するのか迷うことなく考えを進めていくことができます。問題の構造が複雑でなければ、容易な方法であると思われます。

　総合式は、問題全体を見通して式を立てる必要があります。上記の問題の場合は、買い物の場面で残ったお金を求める問題なので、出したお金から代金をひいて答えを求めることになるという問題の構造をとらえてから式を立てることになります。また、この問題の場合だと、1つの式の中にたし算やひき算が混在していて、（　）でまとまりを示す必要もあるので式の形が複雑になります。どの部分から計算処理をしたらよいかを判断する必要もあります。

　けれども、総合式に表すと、問題の構造を一見してとらえることができるようになります。解がどんな数量に依存しているのかをとらえ、どのように工夫すると能率的に計算処理ができるかなどを考えることができます。□やxなどを用いて、問題文の記述に沿った式（方程式など）を立てることも可能になります。すなわち総合式は、問題解決の計画を表す式であると言うこともできます。ですから、小学校の上学年からはできるだけ総合式で表し、計画的に、そして工夫をして問題解決に取り組めるようにすることが望まれます。

(2) 式のはたらき

解説書には，式のはたらきについて次の4項目が説明されています。

> **解説書**
>
> 式には，次のような働きがある。
>
> (ア) 事柄や関係を簡潔，明瞭，的確に，また，一般的に表すことができる。
>
> (イ) 式の表す具体的な意味を離れて，形式的に処理することができる。
>
> (ウ) 式から具体的な事柄や関係を読み取ったり，より正確に考察したりすることができる。
>
> (エ) 自分の思考過程を表現することができ，それを互いに的確に伝え合うことができる。
>
> (p51)

これらは，それぞれどのようなことがらを表しているのでしょうか。

(ア)事柄や関係を簡潔，明瞭，的確に，また，一般的に表すことができる。

このことを次のような例で考えてみます。

結合法則を言葉で表現する場合を考えます。たし算の場合だと，「3つの数をたすとき，1番目の数に2番目の数をたしてから3番目の数をたしても，1番目の数に2番目と3番目の数をたした和をたしても答えは変わらない」というような説明のしかたをすることになるでしょう。かなり読み取りにくい説明になります。この説明を聞いても，たし算の結合法則の意味はなかなか伝わらないのではないかと思われます。

では，次のように式で表すとどうでしょうか。

$(4+3)+2=4+(3+2)$

だいぶ，すっきりしたことでしょう。上に示した言葉の説明と同じ意味が，簡潔，明瞭，的確に表現されています。でも，この式ではこの法則がどんな数のときにでも成り立っているかどうかははっきりしません。そこで，□や△などの記号を用いてきまりを表します。

$(○+△)+□=○+(△+□)$

アイディア21
式を使って
考えの交流を
しよう

　□や△などにあてはまる数は整数でも小数でも分数でもよいとすれば，この式でいつでも結合法則が成り立つことを表していることになります。これが「一般的に表す」ということです。
　では，次のように文字式で表すとどうでしょうか。
　$(a+b)+c=a+(b+c)$
　上の□や△の式と比べると，さらに結合法則の意味がわかりやすく表現されていることが理解できるのではないかと思います。それは，文字の場合は□や△と違って，a，b，cという並びに順番があります。すると，式に表したとき，数量をこのような順に並べて考えているということが明確に表現できるのです。数学では，多くの数量の関係を扱うことがあるので，数値の順序を明確にするために，例えば，a_1，a_2，a_3，……などという記号で表すことがあります。

(イ)式の表す具体的な意味を離れて，形式的に処理することができる。

　式に表すためには，問題の場面の数量の関係をよく考えて演算を決定する必要があります。つまり，式の意味をしっかり考えることが大切です。けれども，式を立てた後はその計算の処理はいちいち途中の意味を考えずに，形式的に行うことができるというのが式のよいところです。
　例えば，$10x-6=x+12$という方程式を立てることができれば，この方程式は，右のように形式的に計算処理をして，$x=2$という解を得ることができます。途中の式の意味を考えなくてもよいのです。つまり，式を立てるためには式の意味をしっかり考え

$$10x-6=x+12$$
$$\downarrow$$
$$10x-x=12+6$$
$$9x=18$$
$$x=2$$

て正しく立式することが必要ですが，その計算処理は機械的に行えるわけですから，コンピュータなどに任せてしまうこともできるというわけです。
　このような式のはたらきを考えると，問題文に沿って式を立てることが大切であることがわかります。問題文に合わせて立式し，式の計算処理は形式的に行うようにすると，問題解決を効率的に行うことができるようになります。

(ウ)式から具体的な事柄や関係を読み取ったり，より正確に考察したりすること

ができる。

　この(ウ)と次の(エ)は、「式を読む」ということに関連した内容です。

　式で表現された意味を読み取ることができなければ、立式して計算処理をした結果を問題解決に反映させることができないわけですから、式の活用を考えるとき式の意味を読み取ることはとても重要なポイントです。

　この(ウ)の項の具体例としては、いくつかのグループに分かれている子どもの全体の人数を数える場面で、4×5という式で全体の子どもの人数が表現されているとき、「1つの班の人数が4人ずつで、その班が5つある。」というように読み取ることなどが挙げられます。

　また、速さの公式、(時速)×(時間)＝(道のり)から、「時速が一定なら、時間と道のりが比例する」という関係を読み取ることができ、このことをもとにして、「時間が2倍、3倍、……かかるところは、道のりが2倍、3倍……のところである」と考えることなどもこの(ウ)の項の例と言えます。

(エ)自分の思考過程を表現することができ、それを互いに的確に伝え合うことができる。

　新しい学習指導要領では、思考力・判断力・表現力が重視され、とりわけ表現力が強調されていますから、この(エ)の項の内容は重要です。次の、「式を読むこと」の項で詳しく述べますが、一例を挙げておきます。

　冒頭の教科書の問題で、500−230−150という式を立てた子どもと、500−(230＋150)という式を立てた子どもを比べて、前者は、品物を別々の店で買って、それぞれでおつりをもらった場面を考えているのに対して、後者は、品物を同じ店で買って、一度に代金を支払っておつりをもらっている場面を考えているというように、考え方の違いを読むことができます。このように、式から、その式の表す意味を読み取り、伝え合うことが大切です。

(3) 式に表すことと式を読むこと

　式は「数学の言葉」とも言われるものです。言葉の学習では、書いたり話したりする"表す"活動と読んだり聞いたりする"読み取る"活動とがありま

> アイディア21
> 式を使って
> 考えの交流を
> しよう

す。式の場合も、「式に表す」活動と「式を読む」活動の両方を大切にして指導する必要があります。

①式に表す活動

式に表す活動については、〔アイディア5〕～〔アイディア12〕の計算の項で、様々な例を紹介する中で触れてきました。

例えば、第1学年の「男の子が6人、女の子が9人います。女の子は男の子よりなん人おおいでしょう。」というような問題を解決する場面では、上図のように問題文を読みながら具体物を操作したり、図をかいたりして、それをもとにして9－6という式を立てます。〔アイディア8〕では、問題文に合わせて数直線をかき、式を立てたり説明したりする方法を紹介しました。

さらに、〔アイディア9〕では、繰り上がりのあるたし算の授業で、1年生の子どもが図を使って計算の工夫を考え、その考え方を式に表している事例を写真で紹介しています。このように、計算の意味や計算のしかたを考える学習で問題の場面に合うように具体物を用いたり図を使ったりして考え、それをもとに式に表す活動が繰り返し行われます。

もちろん、まず式に表して考え、その説明のために具体物を操作したり図を使ったりすることもあるわけですが、式の意味をより明確にして友達と共有するために、式と図（操作）と言葉が相互に自由にやりとりできるようにする活動を重視して取り扱うことが大切です。

②式を読む活動

解説書には、式を読むことについて次のような説明があります。

> **解説書**
> 式の読み方として、次のような場合がある。
> ア　式からそれに対応する具体的な場面を読む。
> イ　式の表す事柄や関係を一般化して読む。
> ウ　式に当てはまる数の範囲を、例えば、整数から小数へと拡張して、発展的

に読む。
　エ　式から問題解決などにおける思考過程を読む。
　オ　数直線などのモデルと対応させて式を読む。

(p.51)

　各項についての具体的な説明は，本書では省略しますが，ぜひそれぞれがどのようなことがらを表しているのかを調べてほしいと思います。
　ここでは，第4学年の複合図形の面積を求める場面での様々な式を見て，それぞれがどのような考え方をしているのかを読み取り，考え方の交流を図る事例を紹介することにします。 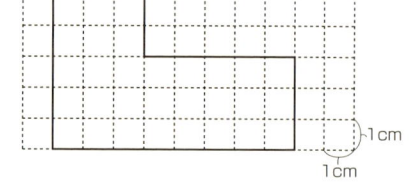
　右図のような複合図形の面積を求める問題では，様々な考え方があります。
　子どもにこの問題に取り組ませ発表をさせるときには，式だけを発表させ，例えば，次のような4つの式を取り上げて，それぞれどのような考え方をしているのかを他の子どもに考えさせます。

　ア　$5 \times 8 - 2 \times 5 = 30$　　　イ　$5 \times 3 + 3 \times 5 = 30$
　ウ　$2 \times 3 + 3 \times 8 = 30$　　　エ　$3 \times 10 = 30$

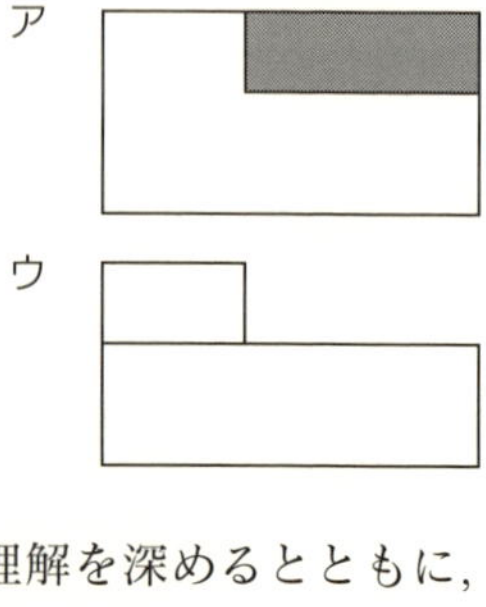

　式から読み取った考え方を図に表すと，例えば，アは全体の長方形の面積から余分な長方形の面積をひく考え方，イは左右，ウは上下2つの長方形に分けて，2つの長方形の面積をたす考え方であることが読み取れます。さらに，エは，縦3cm横10cmの長方形に変形した考え方ではないかと予想することができます。
このような活動を行うことで，図形の面積についての理解を深めるとともに，式を読むことの意義を理解し，コミュニケーションの手段としての式のよさやおもしろさを味わうことができます。

アイディア **22**
目的意識から始める「一連の活動」

日常生活に関連の深い表やグラフについての授業はどのように組み立てたらよいでしょうか

研究課題

　表やグラフは，他教科の学習をはじめ日常生活の様々な分野で用いられています。算数科の内容の中でも活用の範囲の広いことがらです。"活用"が強調されている今回の学習指導要領では，中学校の数学で，このことにかかわる領域が新たに設定されています。

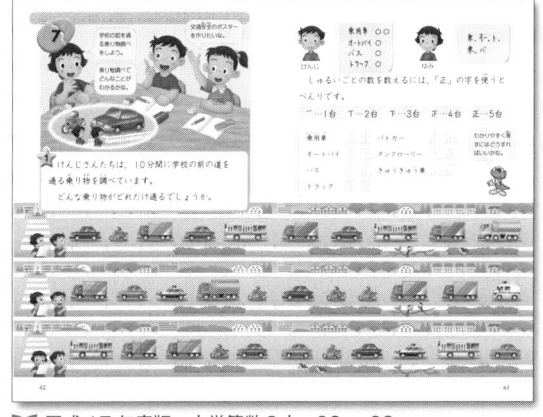

📖 平成17年度版　小学算数3上 p62〜63

　ここでは，「資料の整理と読み」として位置づけられている統計的な活動にかかわる授業を，どのように組み立てていけばよいのかについて考えましょう。

> **ここがポイント**
> ① 活動の目的を明確にして，いつもその目標に合わせて考える
> ② 資料の収集，整理の活動は，最初の目的に合わせて工夫したり改善したりする
> ③ 資料から何が読み取れるかを常に意識して「一連の活動」を行う

(1) 一連の活動

「資料の整理と読み」について，解説書では次のように説明しています。

> **解説書**
>
> 　目的に応じて資料を集めて分類整理したり，それを表やグラフなどを用いて分かりやすく表現したり，特徴を調べたり，読み取ったりできるようにすることがここでのねらいである。そうした活動を通して，的確な判断をしたり合理的な予測をしたりしようとする態度を育てることも大切である。それは，多くの情報があふれる現代の社会の中にあって，特に重要な意味をもつものである。このように<u>算数が活用されることに気付くことによって，算数の価値を実感できる</u>ことにもなる。
>
> 　目的に応じて資料を集めて分類整理し，表現したり，読み取ったりする能力を伸ばすためには，次のような**一連の活動**を通して学習し，それぞれの活動で用いられる知識及び技能，考え方や表現の仕方，活用の仕方を児童が身に付けられるよう配慮することが大切である。
>
> (ア) <u>目的を明確にし，それに沿った資料を収集する</u>ようにする。
>
> (イ) 資料を分類整理し，それを表やグラフを用いて表したり，百分率や平均などを求めたりして，<u>資料の特徴や傾向を読み取る</u>。
>
> (ウ) これらの資料の特徴や傾向に着目することによって，事柄の判断や予測をしたり，様々な<u>問題の解決に活用</u>し，その思考過程や結果を表現したり，説明したりする。
>
> (p.52：下線は筆者)

　ここでは，「資料の整理と読み」にかかわる活動が，高度情報化の時代の今日，重要な意味をもつものであるとの認識に立って，情報処理の手段として算数が活用され，その価値を実感できる分野であると説明しています。そして，算数を活用するという観点で，資料の整理と読みの活動をとらえたとき，それは「一連の活動」として構成されることが大切であることが強調されています。

> **アイディア22**
> **目的意識から始める「一連の活動」**

その「一連の活動」は，①目的を明確にする　②資料を収集する　③資料を分類整理する　④表やグラフを用いて表す（百分率や平均などを求める）　⑤資料の特徴や傾向を読み取る　⑥問題の解決に活用する　⑦結果を表現したり説明したりする　といった内容で構成されます。つまり，何かについて調べたい，わかりたいという解決すべき問題を明確に把握して，それに必要な情報を収集し，わかりやすく整理したり表したりして，問題の解決に役立てていくという道筋で，一貫した活動が展開されることが大切であるということです。

このことを，第3学年の「表と棒グラフ」の学習の例で考えていくことにします。

(2)「交通量調べ」を例にした「一連の活動」についての考察

「交通量調べ」は，調査に時間がかかることや学校の立地条件によって得られるデータに開きがあり，教材として扱いにくい面もあるため，最近では，アンケート調査結果の整理のような教材に変わってきている傾向にありますが，「一連の活動」を体験するには優れた教材と考えられるので，ここでは，「交通量調べ」を例として，上述(1)の①〜④の活動について説明することにします。

①目的を明確にする

3年生は，社会科の学習で自分たちの住んでいる地域のことを学びます。学校の外に出て，住んでいる町のようすを観察したり調べたりする活動が行われます。そのような活動の一環として，町の道路の交通量に着目することもあるでしょう。また，それとは別に，毎日の登下校の状況から，交通安全についての問題意識をもつことも考えられます。このような，子どもの生活の中から生まれる課題を取り上げて，算数の学習の問題として取り組むことが，「一連の活動」の出発点となります。

127ページに載せた教科書では，交通安全ポスターを作るというめあてが話し合われています。学校のまわりの交通量調べをして，交通安全ポスターで全校の子どもたちに交通安全についての呼びかけをするというのが，ここでの「一連の活動」の目的として設定されています。

②目的に沿った資料を収集する

　交通量調べをするという目的がはっきりしたところで，すぐに外に出て，交通量調べを始められるかというと，そんなことができるわけではありません。実際にやってみるとわかりますが，自動車は，次々に速いスピードで通り過ぎてしまいますから，その数を数えることができません。ましてや，種類ごとに分けて自動車の数をとらえることなど，できようはずがないのです。データの収集のためには，しっかりとした計画・準備が必要です。

　何を準備したらよいのかを子ども自身にとらえさせるために，ビデオを使って模擬調査をすることがあります。つまり，実際に調査する場所の交通量がわかるような映像を用意して，その映像を見て交通量調査をさせるのです。それによって，準備をしないで現地調査をすると失敗してしまうという体験をした後に，どのような工夫をするとよいかを考える活動が教室でできるわけです。

　交通量調査のためには，まずどんな車が通るのかを予想して，記録を取りやすいような項立てをしておくことが必要なことや，速く行き過ぎてしまう車の数を記録するためには，「正」の字や「✓」（チェック）を用いるとよいことなどを話し合います。また，車がどこを通過したときに数を数えるのか，調査の時間は何分間にするか，車の方向によって調べる担当を誰にするかなどを決めて，準備してから調査の現場に臨むようにします。

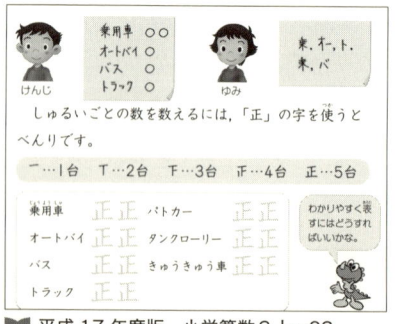

　平成17年度版　小学算数3上 p63

　ただ，このように用意周到に準備をしても，実際の場面では混乱することもあります。予想外の車，例えば救急車や消防車，あるいは霊柩車などが通過することもあるかもしれません。そのような例外の車を記録する係などを作っておくことなども，調査を成功させるためには必要です。

③資料を分類整理する

　②の資料を収集する活動を行うと，「どのような車が多く走っているか」と

アイディア22
目的意識から始める「一連の活動」

いう，当初調べたいと思っていた目的についてかなりのことがわかってきます。右下の教科書のデータであれば，乗用車やトラックが多く走っていることがわかります。そのことは，調査の目的をしっかり意識していれば，道路に出て車を観察しているだけでもある程度気がつくことかもしれません。

でも，それだけでは交通安全ポスターの説明にはなりません。交通量を数値で表して明確に示さないと，説得力のある交通安全ポスターにはならないのです。そこで，集められたデータを整理して，わかりやすく表す工夫をする必要があるという次の課題が見えてきます。

車の種類別の台数を数値で表すには，データを収集するときにも用いた「表」を使うとよいことがわかります。第2学年では，簡単な表を用いることや，○や絵などを使った簡単なグラフについて学習していますから，ここでもそのような観点で整理することになるでしょう。

そのとき，交通安全ポスターで，「学校の前の道は，乗用車やトラック，オートバイなどが多く走る道だ」ということや，そのことを踏まえた交通安全のアピールをする内容が伝わりやすいような整理のしかたを考えるという観点が大切になります。「数が少なく，調べたときに偶然通りかかっただけの救急車など，例外的なものは，いちいち表の項目としなくてもよいのではないか。そういうものを『その他』と

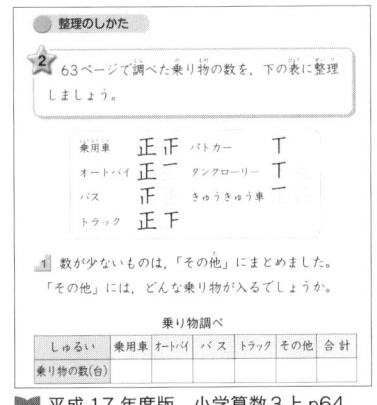

▶ 平成17年度版　小学算数3上 p64

してまとめてしまった方がわかりやすい表になるのではないか。」などと話し合い，表の項立てを決めます。また，調べたデータを一つ一つチェックして，例えば，「乗用車」「トラック」などの仲間としてひとまとまりにした方がよいものはないか，別のまとまりとしてとらえた方がよいと考えられるものはないかなどと，分類整理をし直すこともあるでしょう。

このようにして，表を完成させると，

かなり正確な，交通量調べの資料を完成させることができます。この表を見ると，確かに，乗用車とトラック，オートバイなどが多く走る道であることがよくわかるようになります。交通量調査をして交通安全ポスターを作るという当初の目的に大きく近づいたことが実感できます。

乗り物調べ						
しゅるい	乗用車	オートバイ	バス	トラック	その他	合計
乗り物の数(台)	9	6	4	8	5	32

また，教科書を参考にして，表に合計欄を加えると全体の交通量もわかるようになることや，他の場所の交通量と比較するときに便利であることなどについても話し合っておくとよいでしょう。

④表やグラフを用いて表す

次は，表よりさらにわかりやすい表し方を考える段階です。交通安全ポスターは，低学年の子どもでも見ただけで交通量がわかる方が説得力がありますから，そのような観点で考えます。

第2学年までには，見てよくわかるような資料の処理のしかたとして，絵や○を使ったグラフを用いることを学習していますから，子どもたちは，それに倣ってグラフを作ればよいことに気づきます。そこで，グラフづくりの活動に入りますが，まず既習事項をもとにして，子どもに工夫させることが大切です。そのときの観点は，表でわかったこと，例えば，乗用車，トラック，オートバイの順に多いことをもっとわかりやすく伝えられるようにするということです。

右の写真は，ある学校の授業で子どもが工夫した例です。子どもたちは，目的としている「一目で交通量のようすがわかるようにする」ために，大きさの順に並べ替えたり，グラフに目盛りを入れたり，目盛りの線を太くしたり，数値をグラフの上に書き入れたりします。

工夫したグラフ

棒グラフは，この単元で教える内容ですから，この後，教師が示してもよいのです。これまで述べてきたような「一連の活動」を通して，統計的な処理の考え方や日常事象に対する活用の態度を育てることが大切なのです。

アイディア ③ めあてを明確にして考えたり表現したりしよう

算数的活動をどのように取り入れて算数の授業を行ったらよいでしょうか

研究課題

計算の意味を説明する活動

　新しい学習指導要領では，算数科の目標を達成するためには算数的活動を通して学習することが大切であるとされています。学習指導要領に例示されている項目の他にも，学校や学級で算数的活動を工夫した授業づくりが求められていますが，算数的活動とはどのような活動なのでしょうか。

　算数的活動について調べ，算数の授業でのあり方・生かし方について考えましょう。

ここがポイント
① 活動に主体的に取り組めるよう，活動のめあてを明確にする
② 考えたり表現したりする活動を中心にする
③ 計算の意味や計算の方法を考え説明する活動を系統的に行い，基本的な表現の技能を身に付ける

(1) 新学習指導要領の算数的活動の位置づけ

　算数的活動について，解説書では「算数的活動とは，児童が目的意識をもって主体的に取り組む算数にかかわりのある様々な活動を意味している（p118）」と説明しています。算数の時間に行われる活動のほとんどは「算数とかかわりのある活動」のはずですから，「算数にかかわりのある様々な活動」という説明では，算数的活動が何を意味しているのかがよくわからないのではないかと思われます。解説の文言の中では，むしろ，「目的意識をもって主体的に取り組む」という部分が大切だと感じられます。
　解説書では，算数的活動について次のようにも説明しています。

> **解説書**
> 　算数的活動には，様々な活動が含まれ得るものであり，作業的・体験的な活動など身体を使ったり，具体物を用いたりする活動を主とするものが挙げられることが多いが，そうした活動に限られるものではない。算数に関する課題について考えたり，算数の知識をもとに発展的・応用的に考えたりする活動や，考えたことなどを表現したり，説明したりする活動は，具体物などを用いた活動でないとしても算数的活動に含まれる。
>
> （p19：下線は筆者による）

　算数的活動という文言は，平成10年に改訂された学習指導要領で初めて用いられた言葉で，「作業的・体験的な活動など手や身体を使った外的な活動を主とするものがある。また，活動の意味を広くとらえれば，思考活動などの内的な活動を主とするものも含まれる。」と解説されていました。新旧学習指導要領の解説を読み比べると，算数的活動は，平成10年の学習指導要領では，作業的・体験的活動に重点が置かれていましたが，今回の学習指導要領では考えたり表現したりする活動に重点を移しているように読み取れます。
　算数科の目標は，新しい学習指導要領では次のように改訂されています。

> **学習指導要領**
>
> <u>算数的活動</u>を通して，数量や図形についての基礎的・基本的な知識及び技能を身に付け，日常の事象について見通しをもち筋道を立てて考え，表現する能力を育てるとともに，<u>算数的活動の楽しさ</u>や数理的な処理のよさに気付き，進んで生活や学習に活用しようとする態度を育てる。
>
> （第1　目標：下線は筆者による）

　この目標の文言を見ると，算数的活動が，基礎的・基本的な知識・技能の習得，筋道立てて考え表現する能力の育成，活動の楽しさや数理的なよさに気づき進んで活用する態度の育成という算数科の目標全体にかかっていて，算数科の目標を達成するための指導の原理として位置づけられていることがわかります。

(2) 算数的活動の具体的な内容

　新学習指導要領では，算数的活動の具体的な内容として，各学年，各領域1～2項目，計29項目を例として示しています。解説書では，これら29項目はあくまで例であるということを強調していて，「ここで示されていない算数的活動についても，各学校や教師が工夫をして，授業の中に取り入れていくようにする必要がある（p10）」と述べています。しかし，例であるにせよこの29項目を取り上げて示したことには，何らかの意図があると考えられますから，その意図を読み取っておくことは大切です。

　新学習指導要領に先駆けて，平成19年11月に発表された中央教育審議会教育課程部会の審議のまとめでは，算数的活動について，「例えば，具体物を用いて数量や図形についての<u>意味を理解する活動</u>，知識・技能を実際の場面で<u>活用する活動</u>，問題解決の方法を考え<u>説明する活動</u>など，算数的活動を具体的に示していくようにする（下線は筆者による）」と述べています。これにもとづいて，算数的活動の項目が決められたと考えると，29項目の内容は，①意味を理解する活動　②活用する活動　③説明する活動　の3つの観点で構成されていると考えることができます。一つ一つの項目について見ると，観点が重な

新学習指導要領に例示された算数的活動の内容
（太字は「活用」，網掛けは「説明」にかかわる内容：平成20年度東京都算数研究会研究委員会資料）

	A 数と計算	B 量と測定	C 図形	D 数量関係
1学年	ア 具体物をまとめて数えたり等分したりし，それを整理して表す活動 イ 計算の意味や計算の仕方を，具体物を用いたり，言葉，数，式，図を用いたりして表す活動	ウ 身の回りにあるものの長さ，面積，体積を直接比べたり，他のものを用いて比べたりする活動	エ 身の回りから，いろいろな形を見つけたり，具体物を用いて形を作ったり分解したりする活動	オ 数量についての具体的な場面を式に表したり，式を具体的な場面に結び付けたりする活動
2学年	ア 身の回りから，整数が使われている場面を見つける活動 イ 乗法九九の表を構成したり観察したりして，計算の性質やきまりを見つける活動	ウ 身の回りにあるものの長さや体積について，およその見当をつけたり，単位を用いて測定したりする活動	エ 正方形，長方形，直角三角形をかいたり，作ったり，それらで平面を敷き詰めたりする活動	オ 加法と減法の相互関係を図や式に表し，説明する活動
3学年	ア 整数，小数及び分数についての計算の意味や計算の仕方を，具体物を用いたり，言葉，数，式，図を用いたりして考え，説明する活動 イ 小数や分数を具体物，図，数直線を用いて表し，大きさを比べる活動	ウ 長さ，体積，重さのそれぞれについて単位の関係を調べる活動	エ 二等辺三角形や正三角形を定規とコンパスを用いて作図する活動	オ 日時や場所などの観点から資料を分類整理し，表を用いて表す活動
4学年	ア 目的に応じて計算の結果の見積りをし，計算の仕方や結果について適切に判断する活動	イ 長方形を組み合わせた図形の面積の求め方を，具体物を用いたり，言葉，数，式，図を用いたりして考え，説明する活動 ウ 身の回りにあるものの面積を実際に測定する活動	エ 平行四辺形，ひし形，台形で平面を敷き詰めて，図形の性質を調べる活動	オ 身の回りから，伴って変わる二つの数量を見つけ，数量の関係を表やグラフを用いて表し，調べる活動
5学年	ア 小数についての計算の意味や計算の仕方を，言葉，数，式，図，数直線を用いて考え，説明する活動	イ 三角形，平行四辺形，ひし形及び台形の面積の求め方を，具体物を用いたり，言葉，数，式，図を用いたりして考え，説明する活動	ウ 合同な図形をかいたり，作ったりする活動 エ 三角形の三つの角の大きさの和が180°になることを帰納的に考え，説明する活動。四角形の四つの角の大きさの和が360°になることを演繹的に考え，説明する活動	オ 目的に応じて表やグラフを選び，活用する活動
6学年	ア 分数についての計算の意味や計算の仕方を，言葉，数，式，図，数直線を用いて考え，説明する活動	イ 身の回りで使われている量の単位を見つけたり，それがこれまでに学習した単位とどのような関係にあるかを調べたりする活動	ウ 身の回りから，縮図や拡大図，対称な図形を見つける活動	エ 身の回りから，比例の関係にある二つの数量を見つけたり，比例の関係を用いて問題を解決したりする活動

り合うものもあるだろうとは思われますが、そこは割り切ってしまって、この3つの観点で分類・整理してみると、そこから見えてくるものがあります。

①意味を理解する活動

「意味を理解する活動」は、第1学年と図形領域に多いことがわかります。

初めて算数の学習を行う第1学年では、まず、数、量、図形についての概念の理解が大切ですから、「意味を理解する活動」が多く行われることは当然のことです。また、図形領域の内容は、第2学年は、三角形・四角形・長方形・正方形、第3学年は、二等辺三角形・正三角形……というように、各学年を通じて、段階的に図形の概念の理解を図っていくので、ここも「意味を理解する活動」が多くなることがよくわかります。

②活用する活動

「活用する活動」は、第6学年と数量関係に多いことがわかります。

第6学年は、それまでの学年で多くのことを学習してきていますから、学習してきた内容をまとめ、それを活用して発展的な課題を解決したり、日常生活や他教科の学習の問題を解決したりすることが多くなるのは自然なことだと思われます。また、数量関係の領域は、例えば、〔アイディア22〕で述べたように、資料の整理と読みの学習は、日常生活などの中から課題を見い出し、その課題を解決するための一連の活動を通して学習するわけですから、「活用する活動」が多く行われることがよくわかると思います。

③説明する活動

「説明する活動」を見ると、数と計算の領域と第4学年・第5学年あたりに多くなっています。それはなぜかを考えてみましょう。

第5学年の図形領域に挙げられているのは、「三角形の三つの角の大きさの和が180°になることを帰納的に考え、説明する活動。四角形の四つの角の大きさの和が360°になることを演繹的に考え、説明する活動」です。ここでは、「帰納的に考え説明する」とか「演繹的に考え説明する」というように、どのように考え説明することが大切なのかを明示しています。詳しくは〔アイディア17〕で説明していますが、既習事項をもとにして、筋道立てて考え説明す

る活動をしっかり行うことが大切であることを表したものであるととらえられます。同じ第5学年の図形の面積，第4学年の複合図形の面積にかかわる活動も同じ趣旨であると考えられます。

　一方，数と計算領域の内容を見ると右のようになっています。どの学年も，計算の意味や計算の仕方を考え，表し，説明する活動が取り上げられています。また，その方法として，具体物を用いることや言葉，数，式，図，数直線などを用いることが示されています。このことは，それぞれの学年で新しく学習する計算について，計算の意味

> （1学年）計算の意味や計算の仕方を，具体的に用いたり，言葉，数，式，図を用いたりして表す活動
> （3学年）整数，小数及び分数についての計算の意味や計算の仕方を，具体物を用いたり，言葉，数，式，図を用いたりして考え，説明する活動
> （5年生）小数についての計算の意味や計算の仕方を，言葉，数，式，図，数直線を用いて考え，説明する活動
> （6年生）分数についての計算の意味や計算の仕方を，言葉，数，式，図，数直線を用いて考え，説明する活動

や計算の仕方を表現し，説明することが，計算についての基礎・基本を身に付けるために大切であるということを意味しているととらえられます。また，各学年の計算の学習を通して，言葉，数，式，図，数直線を用いて考え，表し，説明する活動を繰り返すことにより，それらの技能を段階的に身に付け，学年が進むにつれて，その技能が次第に洗練されていくという，表現のための技能習得のプロセスを重視していることを意図しているともとらえられます。

　算数科の目標が，「筋道を立てて考え，表現する能力を育てる」と改訂され，「表現する」という文言が加えられ，「表現する」ことは，考えることと一体的なことがらであり，表現力の育成は，思考力の育成につながるというとらえ方が明確にされていますが，表現力の育成には，表現の技能の指導が必要です。

　本書では，〔アイディア5〕～〔アイディア12〕で，学年段階に応じてどのような表現の技能を指導するかを述べてきました。計算の対象となる数値の大きさや計算の意味によって，具体物を用いることが適切であったり，数直線を用いることが適切であったりするわけですが，これらの数学的な表現の方法を子どもに身に付けさせることは，長期的・系統的な指導の積み重ねが必要です。一部の教員だけの努力では，なかなか成果の上がらないものなのです。算数・数学における表現様式の系統的指導ということに目を向けて，教育課程を編成

し，全教職員の理解の下，全校的な取り組みが必要です。

(3) 算数的活動のとらえ方

ここまで算数的活動について調べてきましたが，ここで，算数的活動に対する取り組みのポイントについて整理しておきましょう。

①算数科の目標としての算数的活動

第一は，「児童が目的意識をもって主体的に取り組む」活動であるということです。

(1)で述べたように，算数科の目標では算数的活動が文頭に据えられ，「基礎的・基本的な知識及び技能を身に付けること」，「見通しをもち筋道立てて考え，表現する能力を育てること」以下の目標を達成するための指導の原理であることが一層強調されています。それと同時に大切なのは，目標の文言であるということは，自ら積極的にそうした活動に取り組むような児童を育てることをも目指しているということです。最初に挙げたように，算数的活動は，「児童が目的意識をもって主体的に取り組む算数にかかわりのある様々な活動」と定義されているわけですから，子どもが活動の目的を明確にとらえられるような工夫をして，目的意識をもって主体的に取り組めるような展開を考えることが不可欠です。目的も知らされずに，教師の言われたままに活動をするのでは，活動はあっても思考や表現の機会とはなりません。それでは，その活動を通して，考えたり表現したりする能力を育てるという目標に近づくことはできないのです。

②考えたり説明したりする活動の重視

第二は，考えたり説明したりする活動を中心にして取り組むことです。

先にも記したように，解説書では，算数的活動について，「算数に関する課題について考えたり，算数の知識をもとに発展的・応用的に考えたりする活動や，考えたことなどを表現したり，説明したりする活動」と述べ，思考力・表現力と密接に関連する活動として位置付けています。さらに，「『目的意識をもって主体的に取り組む』とは，新たな性質や考え方を見い出そうとしたり，

具体的な課題を解決しようとしたりすることである」と述べているように，算数的活動は，問題解決のための活動，数学的な考え方を深める活動というとらえ方を明確にしています。算数の問題解決の過程で，子どもが主体的に考えたり説明したりする活動を充実させることが大切です。このことについては，〔アイディア24〕で具体的に述べることにします。

③子どもにとって楽しい活動

　第三は，目標の後段に，「算数的活動の楽しさや数理的な処理のよさに気付き，進んで生活や学習に活用しようとする態度を育てる」とあるように，子どもにとって「楽しい活動」であるということが大切であるということです。子どもが活動に主体的に取り組むようになるためには，その活動が有意義なものと感じられたり，楽しいことと感じられることが不可欠です。この視点で，算数的活動をとらえていくことが重要です。

　学習意欲を高めるための条件としては，興味・意欲のわく教材の提示や発問の工夫，やりがいが感じられる適度な難度，解決の見通しが持てる確かな既習事項，友達や教師に評価される喜びなどの要素が考えられます。そのような情意的な側面に配慮して授業を構成することが大切になります。

④学校や教師の主体性

　第四は，学習指導要領に取り上げられている29項目は，「例えば」の活動であるということです。解説書でも述べられていたように，各学校や教師が工夫して授業の中に取り入れていくものであるというとらえ方が大切です。算数的活動は，子どもが主体的に取り組む活動という視点が重要であると同時に，指導する側の学校・教師の主体性もまた重要なのです。

⑤表現の技能を身に付けさせるための系統的な指導

　(2)の③で述べたように，問題解決の方法を考え説明する算数的活動では，具体物を用いたり，言葉，数，式，図，数直線を用いて考えたり説明したりする活動が繰り返し行われます。その活動を通して，算数・数学の表現の技能をしっかり身に付けることが，活動の質を高め，算数科の中心的な目標である思考力・表現力を育てることにつながります。

アイディア 34
どのように考えると
よいかを意識しよう

数学的な考え方を育てるための問題解決の授業はどのように構成したらよいでしょうか

研究課題

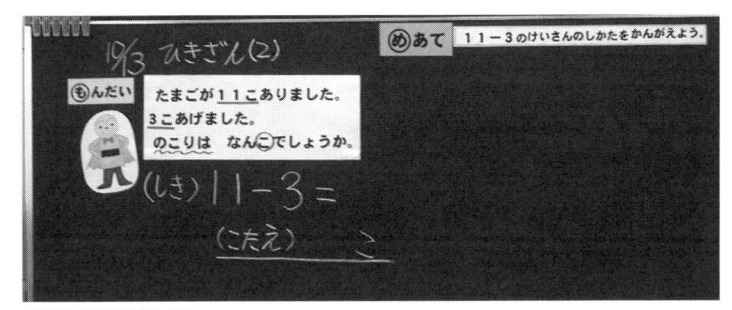

求答事項を明確にする

　算数科の中心的な目標である数学的な考え方を育てるためには，問題解決の活動が大切であると言われます。問題解決の活動とは，どのような活動なのでしょうか。また，その活動と数学的な考え方とはどのように関連しているのでしょうか。

　算数科の問題解決の活動について調べ，数学的な考え方を育てるためには，どのような指導が必要か考えてみましょう。

ここがポイント

① 求答事項と問題の条件を明確にとらえられるようにする
② 既習事項との関連をとらえ，類推や帰納などの考えをはたらかせる
③ 問題が解決できたら，どのように考えたことがよかったか，次にどのようなことが考えられるかなど，考え方を中心にしたまとめをする

(1) 問題解決の過程

問題解決の過程についての代表的なものとして，G．ポリアが「いかにして問題をとくか」(G.Polya著・柿内賢信訳，丸善) の中で挙げている問題解決の過程があります。ポリアは，問題解決の過程として次のような4つの段階を挙げ，具体的な内容を質問の形で示しています。下に抜粋した内容を示します。

① 問題を理解すること
　◇未知のものは何か，与えられているもの（データ）は何か，条件は何か
　◇条件は未知のものを定めるのに十分であるか，または余剰であるか
　◇図をかけ，適当な記号を導入せよ　など
② 計画を立てること
　◇前にそれを見たことがないか
　◇似た問題を知っているか，役に立つ定理を知っているか
　◇似た問題で既に解いたことのある問題を使うことができないか
　◇解けなかったならば，関連した問題を解こうとせよ　など
③ 計画を実行すること
　◇計画を実行するときに，各段階を検討せよ，その段階が正しいことをはっきり認められるか　など
④ 振り返ってみること
　◇結果をためすことができるか
　◇結果をちがった仕方で導くことができるか，それを一目のうちに捉えることができるか
　◇他の問題にその結果や方法を応用することができるか　など

現在多くの学校で行われている算数科の授業は，このポリアの示した問題解決の過程にほぼ近い形で実践されています。研究授業の指導案を見ると，1)問題の把握　2)見通し　3)自力解決　4)検討・討議　5)振り返り・まとめ　というような学習過程を設定していることが多く，その中の4)と5)がポリアの④の段階に当たると考えられます。新学習指導要領で表現力が強調されたことも

あって，最近の算数科の授業では，特に4)の段階で，少人数のグループで話し合うことを取り入れるなど発表や討議の段階の指導に様々な工夫がされるようになってきています。このことを踏まえて，ここではこの5段階の過程を問題解決学習の基本形として，具体的な指導のあり方について考えることにします。

(2) 数学的な考え方

数学的な考え方とは，数学を創り上げ，発展させるとき，あるいは，応用・活用するときにはたらかせる数学特有の考え方のことです。学習指導要領では目標の中において，「日常の事象について見通しをもち筋道を立てて考え，表現する能力を育てる」と述べ，数学的な考え方を育てることが算数科の目標であることが明確に示されています。また，算数科では，観点別学習状況評価の「思考・判断・表現」にかかわる評価の観点が「数学的な考え方」として示されていて，「日常の事象を数理的にとらえ，見通しをもち筋道立てて考え表現したり，そのことから考えを深めたりするなど，数学的な考え方の基礎を身に付けている」というように趣旨が述べられています。

数学的な考え方が具体的にどのような考え方を指しているかということについては様々な説がありますが，ここでは，片桐重男（元横浜国立大学教授）による分析を紹介しておきます。

＜数学的な態度＞
1　自ら進んで自己の問題や目的・内容を明確に把握しようとする
2　筋道の立った行動をしようとする
3　内容を簡潔明確に表現しようとする
4　よりよいものを求めようとする

＜数学的な方法に関係した数学的な考え方＞
1　帰納的な考え方　　2　類推的な考え方　　3　演繹的な考え方
4　統合的な考え方　　5　発展的な考え方　　6　抽象化の考え方
7　単純化の考え方　　8　一般化の考え方　　9　特殊化の考え方
10　記号化の考え方　　11　数量化，図形化の考え方

<数学の内容に関係した数学的な考え方>
1　集合の考え　　　　2　単位の考え　　　　3　表現の考え
4　操作の考え　　　　5　アルゴリズムの考え　6　概括的把握の考え
7　基本的性質の考え　8　関数の考え　　　　9　式についての考え
(数学的な考え方とその指導　第1巻　数学的な考え方の具体化と指導・片桐重男著，明治図書)

(3) 問題解決の活動を通して育てる数学的な考え方

次のような問題の解決を例として述べていくことにします。

　　折り紙を200枚持っています。30枚ずつ5人にあげると，折り紙は何枚残るでしょうか。

①問題の把握

　問題解決の活動は，問題を把握することが出発点です。「数学的な考え方」の始まりであると言ってもよいでしょう。問題を把握するためには，次のような点に留意した指導が必要です。

　1) 求答事項を明確にする

　　ア　問題文の「聞いていること」に印をつける

　　イ　どのような答えになるか，答えの欄に答え方をあらかじめ書いておく

　2) 問題の条件をとらえる

　　ア　問題文の「分かっていること」に印をつける

　3) 問題文を箇条書きにする

　4) 問題文の数量の関係を具体物の操作や図や表などで表現する

　上記の問題の場合では，問題文を読み，折り紙が「何枚残るか」(次ページ〜〜〜の部分)が求答事項であり，「折り紙を200枚持っている」「30枚ずつ5人にあげる」(＿＿の部分)が条件であることを明確にします。それと同時に，「〜〜〜枚」という答え方をすることも分かるので，答えの欄に「答え　　枚」と書いておくと，最終的に答えの書き忘れや単位の誤りなどが起こりにくくなります。

> **アイディア 24**
> どのように考えると
> よいかを意識しよう

```
折り紙を 200 枚持っています。30 枚ずつ 5 人に    (答え)
あげると，折り紙は何枚残るでしょうか。           残りは      枚
```

　問題文が複雑な場合は，問題文を箇条書きで表し直すと，求答事項や問題の条件がより明確にとらえられるようになります。また，問題文に合わせて具体物を操作したり，問題文に合うような図をかいたりすることによって，数量の関係が明確にとらえられるようになります。

```
① 折り紙を 200 枚持っている           0         200(枚)
② 1 人に 30 枚ずつあげる                         □(枚)
③ 5 人にあげる                      30(枚)
④ 折り紙は何枚残るか                0  1        5(人)
```

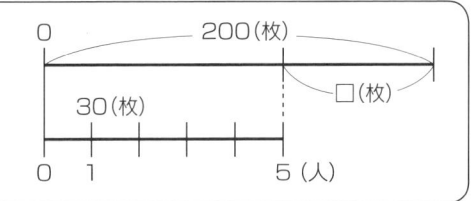

　この段階では，自ら進んで自己の問題や目的・内容を明確に把握しようとする態度，条件の明確化や具体化にかかわって，数量化，図形化，記号化，抽象化などの数学的な考え方がはたらくことになります。

②見通し

　見通しの段階は，既習事項を想起し関連付ける段階です。そのためには，次のような点に留意した指導が大切です。

1) 既習の似た問題を思い出し，どこが似ているか，どこが違っているかをとらえる
2) 既習の似た問題を解決した際に用いた考え方や方法はどのようなことで，それらが当該の問題の解決に使えないかと考える
   ・ノートや教科書，教室掲示などに記されていることを活用する
   ・解決のための「作戦」を立てる
3) 答えがどれくらいになるか見積る
   ・見積りの仕方を振り返って，立式や解決方法の参考にする

4）立式する

・問題文のキーワードや図などを根拠にして立式し，そのわけを説明する

例に挙げた文章題では，「これまで，残りを求めるときにはひき算を使ったので，この問題でもひき算が使えるだろう」というように，既習のひき算の意味を想起して，それによって解決できると見通しをもつことができます。また，そのことをはっきりさせるために，（持っている折り紙の数）－（あげる折り紙の数）＝（残りの折り紙の数）という言葉の式を使ったり，前掲のような図をかいてみたりして，解決の計画を表現してみようというような方針を明らかにします。

この段階では，類推的な考え方や式についての考え，図形化の考えなどが働いています。

③自力解決

自力解決の段階は，既習事項を根拠として筋道立てて考え，問題の解決を実行する段階です。似た既習事項の解決の方法から類推的に考えたり，既習事項を用いて演繹的に考えたりするほか，観察や操作などを通して帰納的に考えたり，図や式の意味を読み取って（式についての考え）形式的に処理したり（アルゴリズムの考え）するなど，様々な数学的な考え方をはたらかせる場面です。この段階では，次のような点に留意した指導が必要です。

1）関連する既習事項（知識・技能，考え方）を使って考える

・思いついたことをメモするなど，後で振り返りができるようにする

2）解決が正しいかどうか振り返り吟味する

・図や式などに表して，それらを用いて検証する

3）解決の手順を分かりやすく整理して表す

・箇条書きにするなど，考えの筋道をわかりやすく整理する

4）自分の考えを友達に納得してもらえるよう，表現を工夫する

・算数の表現方法として大切な図や式，表，グラフなどを適切に用いる

例に挙げた文章題では，「残りの折り紙の枚数は，（持っている折り紙の数）－（あげる折り紙の数）＝（残りの折り紙の数）で求められる。このうち，あげ

る折り紙の枚数は，30枚ずつ5人にあげるということなので，30×5という式で表せる。だから，答えを求める式は，200－30×5という式になる。」というように，見通しの段階で計画した方針にもとづいて，問題文と照らし合わせながら筋道立てて考え解決していくことになります。図を用いて，図の求答事項に当たる数値が，どのように決定していくかを考える子どももいると思います。

④検討・討議

この段階は，友達が図や式で表現したことの意味を読み取ったり，考えの異同をとらえたり，よい考え方・方法（はやい・簡単・正確・いつでも）を見つけたりする活動が行われます。この段階では次のような点がポイントです。

1) 自分の考えを，図や式，言葉などを使って分かりやすく説明する
2) 友達の考えを聞き取る・意味を読み取る
   ・図や操作，式などを読む
3) 友達の考えをノートにメモする
4) 考えの異同をとらえ分類整理する
5) どんなところがよいかを考える（相互評価）
   ・いつでも，は(速い)・か(簡単)・せ(正確) などを観点として，相互評価する

この段階では，よりよいものを求めようとする態度，式についての考え，集合の考え，一般化の考え，統合的な考えなどの数学的な考え方がはたらきます。

例に挙げた文章題では，「自力解決」で紹介したようないくつかの考え方を，小グループや全体での話し合いの場で発表し合い，検討することになるでしょう。その話し合いによって，言葉の式を根拠として考えても，図をもとにして考えても，あげる折り紙の数を30×5という式で求め，それを1つの数としてとらえておくことが大切であることを読み取ることや，その考え方を，200－30×5という総合式で表したとき，30×5を1つの数と見ているので，計算は，30×5を先にする必要があること，などを確認することが大切な内容となるでしょう。

⑤振り返り・まとめ

　この段階では，1時間の学習成果を整理して，次の学習に使えるようにすることが大切です。そこで，次のような点に留意して指導します。

　1) ノートや板書を振り返って，自分なりの1時間の学習のまとめをする
　　・1時間の学習でわかったこと，大事だと思ったことをノートに書く
　2) 1時間の学習の成果をどのようにまとめたらよいか話し合う
　　・次の学習に生かせること，知っておいた方がよい知識や技能は何か
　　・教科書ではどのようにまとめているか（枠で囲むなどしている大切な言葉や式はないか）
　3) この学習を基にすると次にどのようなことが考えられるか，あるいは，考えてみたいことはないか

　この段階では，一般化の考え方，統合的な考え方，発展的な考え方，式についての考えなどの数学的な考え方がはたらくことになります。また，次の学習の際の根拠となる基礎的・基本的な知識や技能を確認する活動としても重要な意味をもつことになります。

　例に挙げた文章題では，文章題の解決の手順として，①聞いていることをはっきりさせる（印をつける，答えの欄をつくる）　②そのためにわかっていることをはっきりさせる（印をつける）　③式を立てる　④計算して答えを求める　⑤求めた答えが正しいかどうか問題にあてはめて確認する　ことが大切なこと，言葉の式で問題解決の見通しを立て，式は総合式で表すとよいこと，総合式の計算は，かけ算（わり算）を先にすることなど，ここで用いた知識・技能などを明らかにするだけでなく，考え方や解決の方法についても整理してノートや教室掲示として記述しておき，次の学習に活用することができるようにすることが，この段階での活動となります。

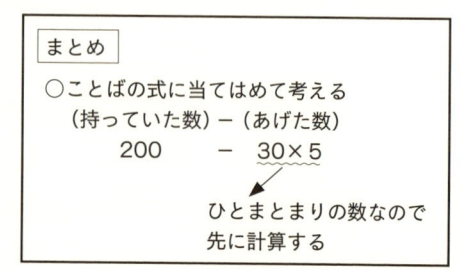

```
まとめ
○ことばの式に当てはめて考える
　（持っていた数）－（あげた数）
　　　200　　　－　　30×5
　　　　　　　　　　　　ひとまとまりの数なので
　　　　　　　　　　　　先に計算する
```

アイディア 25
学びが見える板書とノートにしよう

算数の**基礎・基本**を
しっかり学べるようにする**板書**や
ノート指導のしかたについて考えましょう

研究課題

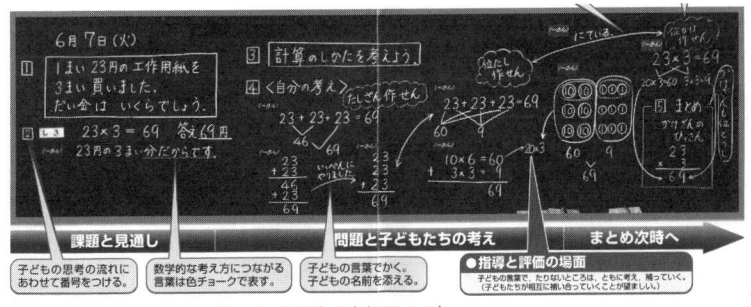

(平成17年度世田谷区立花見堂小学校研究紀要より)

　板書やノート指導の技術は，どの教科であっても，授業力の重要な要素であると言われます。算数科の授業では，子どもが主体的に問題解決に取り組み，その結果として，どのような数学的な考え方を身に付けることができたのかを把握するために板書やノートの書き方の工夫が大切になります。

　算数科の授業における板書やノート指導の基本的なことがらについて考えてみましょう。

ここがポイント

① 学習のねらいや課題が明確にとらえられるようにする
② 1時間の学習で，何がわかったのか，どのように考えたことがよかったのかなど，学習の成果がわかるようなまとめをする
③ 板書もノートも，問題解決の過程に沿って構成する

(1) 板書とノートの役割

　板書は，授業の進め方をわかりやすく示すためのものです。算数科の授業のほとんどは，問題解決の活動を通して，数学的な考え方を身に付けることをねらいとしていますから，問題解決の過程に沿って板書がなされることが大切です。問題解決の過程がわかりやすくとらえられるような板書とは，①学習のねらいや課題がわかる　②学習（問題解決）の過程がわかる　③考え方（既習事項や考えるヒント）がわかる　④友達の考えがわかる　⑤何がわかったのか・大切なことは何かがわかる　などが示されている板書のことです。このような板書によって，子どもは問題解決の方法を理解し，問題を解決するためにどのような数学的な考え方が大切なのかを会得することができるようになります。

　ノートは，子ども自身が，自分自身の問題解決の過程を記録するためのものです。また，友達の考えなどを記録したり，全体の討議の結果を記録することで，考えを広げたり，高めたりする役割を果たすものでもあります。このように記録したノートは，その後の学習の基礎・基本として活用する学習資料の役割を果たすこともできるものです。

　このように，板書もノートも，算数の問題解決の学習の過程を記録するもので，算数科の目標としている，基礎的・基本的な知識・技能や数学的な考え方を身に付けるために重要な役割を果たすものであると言えます。

(2) 板書の内容と基本的な板書技術

　それでは，まず板書について，何をどのように板書をすればよいかということについて考えてみましょう。

　第一に心がけておきたいことは，黒板を常にきれいにしておくことです。

　板書は1時間の問題解決の過程に沿った学習情報を提供するものですから，それ以外の不必要な情報は，極力消去しておくことが大切です。教室によっては，学級の様々な情報が常に黒板を占有してしまっていて，授業に使えるのが半分くらいの面積しかないような黒板を見かけることがありますが，それでは

アイディア 25
学びが見える板書と
ノートにしよう

満足な授業ができるはずがありません。学級情報は背面黒板や掲示板を利用するなどして,授業のツールとしての黒板を最大限に使えるようにしておかなければなりません。黒板をきれいに大切に使うことが,授業を大切にしていることであるという認識を子どもたちにもたせて,学習の規範を確立することになります。これはしっかりとした学級経営をするために大切なことです。

　第二は,問題解決の過程に沿って黒板を計画的に使うことです。そのために,板書計画を立てておくことが大切です。

　(1)で述べたように,板書は問題解決の過程に沿って項立てすることが一般的です。日付,問題(課題),見通し(関連する既習事項),自力解決,話し合い(練り上げ),まとめなどを項目として,学習の展開に沿って板書していきます。

　どこに何を板書するのかという板書の位置については,教室によって黒板の形状やその他環境が異なるので一律には言えませんが,一般的には,黒板は横に長い形をしているので全体を4等分して,左の四分の一に問題提示や見通し,右の四分の一にまとめを配置し,残る中央のおよそ半分の部分を子どもの考えの交流の場として活用することを原則とするとわかりやすいと思われます。もちろん,授業の内容によって様々なバリエーションを考えることは当然です。

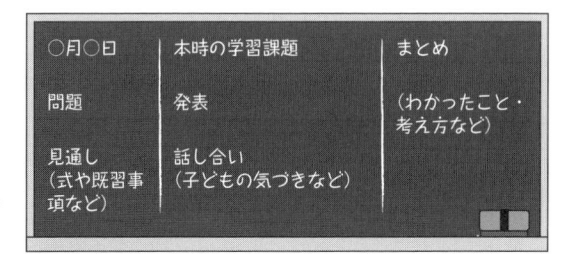

○月○日	本時の学習課題	まとめ
問題	発表	(わかったこと・考え方など)
見通し(式や既習事項など)	話し合い(子どもの気づきなど)	

　板書の各項目についての留意点を挙げておきます。

　|日付|　ノートとのつながりを持たせるために日付を書き入れます。教師も,毎時の板書の内容をデジタルカメラなどに写しておき,週案などと照らし合わせると,後で授業を振り返るときに便利です。

　|問題提示|　問題を板書してノートに写させるときは,ゆっくりと問題文の意味をとらえさせながら板書するようにします。あらかじめ用意しておいた模造紙などの問題を黒板に貼る場合は,問題文を声に出して読ませたり,ノートに貼るための問題カードを渡して,求答事項や問題の条件に印をつけさせたりし

て，問題の意味の把握をする活動をきちんとさせるようにします。

|見通し|　関連する既習事項については，まず子どもに想起させる発問をして，子どもの答えを受けてから板書するようにします。既習事項の振り返りについては，教室掲示や子どものノートを利用することもよいでしょう。

|本時の学習課題|　例えば，149ページの板書では，最初に問題として文書題が示され，23×3という式を立てた後に，本時の中心的な課題として，「計算のしかたを考える」ことが示されています。このように，算数の学習では，最初に提示された問題から出発して解決の見通しを立てた後に，最初の問題の解決のために何が大切かをとらえ，本時の中心的な課題を見い出してその課題に取り組むということが多くあります。

|発表・話し合い(練り上げ)|　板書の中心になるのが，子どもの多様な考えを共有するためのスペースです。授業の展開をよく考え，予想される子どもの考えの中から何を取り上げ，どのような順に発表させればよいか，何に焦点を絞って話し合いをさせるかなどの方策は，授業を活性化させるために必要なことであり，教師の力量が問われるところです。板書計画では，この内容を指導案の展開と整合するように具体的に示すことが大切です。実際の授業では，子どもの反応が予想通りとはいかないこともあり，それによって計画を柔軟に変更していくことが必要になるのですが，計画的に授業を進めるためには，具体的な内容を構想しておくことが重要なのです。

板書の技術の1つとして，右の写真のように，考え方を記した紙を裏返しにして貼ることで，今，どの考えについて話し合っているのかを明確にするという工夫もあります。また，その反対に，最初から全部の情報をオープンにして，子どもにそれぞれの考えの異同を考えさせる場合もあります。

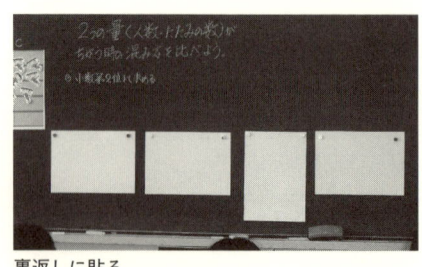

裏返しに貼る

149ページの板書例や上の写真のように，話し合いの結果わかったことは，同じ考え同士を矢印で結んだり，同じ印をつけたり，逆に，異なる考えには，

アイディア 25
**学びが見える板書と
ノートにしよう**

その違いがわかるように印をつけたり，コメントを入れたりします。また，考え方の違いを子どもにわかりやすく表すために，それぞれの考えに

子どもの考えを補っていく

名前をつけて表示したりすることも大切です。

まとめ　まとめは，1時間の問題解決の過程を振り返って，その時間の学習でわかったことを整理したり，どのように考えたことがよかったのかを明確にしたりするための活動です。教師が「まとめ」を板書して，それをノートに書き写させている授業を見かけることがありますが，それでは，子ども自身が，学習のまとめをしていることにはなりません。まず，1時間の板書の内容やノートの記録を見たりして，その時間の活動を振り返らせ，何がわかったのか，どのように考えることが大切だったのかを考えて，自分なりのまとめをノートに書かせることが大切です。そして，「自分のまとめ」を発表させ，全体として，どのようなまとめをしたらよいかを話し合い，学級としてのまとめの言葉を板書するようにします。

　一方，まとめには，次の学習で活用する知識や技能などを，使いやすいように整理しておくという役割もあります。新しい用語や記号，計算や作図などの手順，きちんと整理しておいて覚えておく必要のあることなどは，教科書などの記述を見させたり，枠で囲んで教師がしっかり板書したりして，それをノートに書き写させることも大切です。そのような基本的な事項については，文言を省略したりせず，誤りのない文章できちんと板書することが肝要です。

(3) ノート指導の基本

　板書は，教師が行う授業の記録ですが，子どもが行う授業の記録がノートです。ですから，授業の展開に沿って，板書とノートとが連動するようなノート指導を心がけることが大切です。したがって，ノートも板書と同じように，日

付，問題，見通し，自分の考え，友達の考え，まとめというように，問題解決の過程に沿った項立てをして記述していくように指導するとよいでしょう。授業の内容によっては，問題文を書き写すことはせず，小紙片に問題を印刷したものを配付して貼らせることもありますし，1時間の授業をワークシートによって展開して，そのワークシートをノートに貼ったり，ファイルしたりする方法で記録を蓄積することもあります。

いずれにしても，学習経過を振り返ることができる記録として整理しておくことが大切であると子どもが感じられるようにすることが大切です。

右の写真は，1年生の子どもが，それまでのノートを振り返っている様子です。算数の学習は，既習事項を根拠として説明することが多いので，問題解決の過程で，このような活動が多く行われることは望ましいことであると考えられます。ノートや教科書などを，参考書のように使う習慣をつけることも大切なことです。

自分のノートを振り返る

教科書には，下の図のように，ノートの書き方を指導するためのページを設けていることがあるので，これらをノート指導の参考にするとよいでしょう。

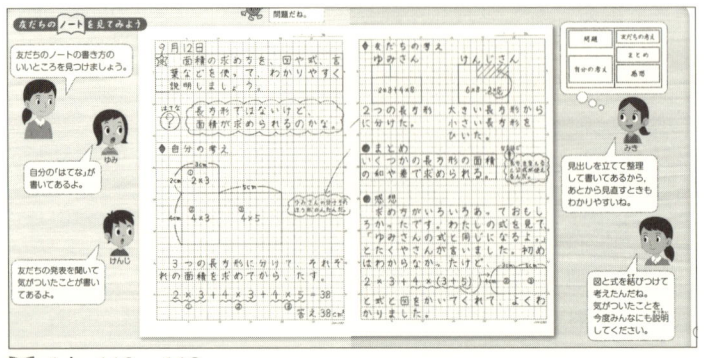

4上 p112〜113

アイディア 8
生活の中から算数の問題を見つけよう

子どもが**楽しく**取り組める問題には どのようなものがあるかを調べましょう

研究課題

平成19年度から始まった全国学力・学習状況調査では,「知識・技能等を実生活の様々な場面に活用する力」をみるための問題（主として「活用」に関する問題）が出題されています。それらの問題では,「物事を数・量・図形などに着目して観察し的確にとらえること」など, 日常事象の中にある問題の解決のために, 事象を数理的にとらえ, 数学的に処理する力をみることになっていて, 興味深い, 工夫した問題がたくさん見られます。

ここでは, 子どもが楽しんで取り組めるような問題には, どのようなものがあるか調べてみましょう。

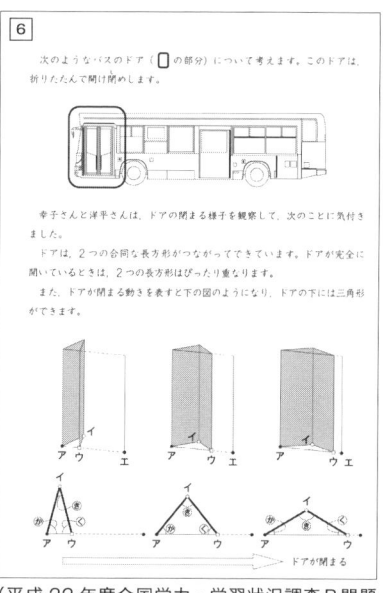

（平成22年度全国学力・学習状況調査B問題より）

ここがポイント

① 子どもの生活の様子をよく観察して, 日常の生活の中から算数の問題を見つける
② きまりを見つけて, そのきまりを活用するような問題を開発する

(1) 遊びなど，子どもの日常の生活の中から算数の問題を見つけて教材化する

ワークシート

＜だれにしようかな＞

「だれにしようかな　てんの　かみさまの　いうとおり」を使って，給食で一番人気のあげパンのお代わりをもらえる人を決めます。
自分が当たりたいときは，だれから始めればよいでしょうか。

1　わたし（まきこ），たくや，なおき，ひとみの４人グループでやるときには，だれから始めればよいか調べてみましょう。

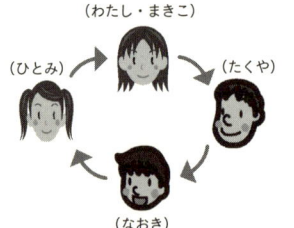

（わたし・まきこ）
（ひとみ）　（たくや）
（なおき）

①わたし（まきこ）から始めたとき

②たくやから始めたとき

③なおきから始めたとき

④ひとみから始めたとき

2　どんなきまりが見つかりましたか。また，そのようなきまりが成り立つわけを考えてみましょう。
（見つけたきまり）

（きまりが成り立つわけ）

3　グループの人数が，5人，6人のときは，だれから始めればよいか考えてみましょう。

①給食でクラスで人気のメニューのあげパンが余ったとき，おかわりをもらえる人をどのようにして決めているかを話題にする。
・「だれにしようかなてんのかみさまのいうとおり」で決めることもあることを思い出させ，左のような問題を提示する。

②4人グループのとき，始める人によって，当たる人がどのようになるかを調べ，だれから初めても，いつも始める人に当たるというきまりを見つける。

③なぜ，そのようなきまりが成り立つのか，そのわけを考える。
　C　言葉に合うように，名前を順に書いていくとわかる。名前は，最初の文字だけ書くとよい。
　　<u>だれにしようかなてんのかみさまのいうとおり</u>
　　またなひまたなひまたなひまたなひまたなひま　（まきこから始めたとき）
　　たなひまたなひまたなひまたなひまたなひまた　（たくやから始めたとき）
　C　名前を書くかわりに，番号で表すと，きまりが成り立つことがもっとよくわかる。
　　だれにしようかなてんのかみさまのいうとおり
　　①②③④①②③④①②③④①②③④①②③④①
　C　4人ずつ繰り返して最後に1余るから，また，1番目の人に戻る。
　T　今調べてわかったことを，式で説明することはできませんか。
　C　「だれにしようかなてんのかみさまのいうとおり」は全部で21文字だから，21÷4の計算をする。21÷4＝5あまり1で，余りの1は，1番目の人になる。

④グループの人数が，4人ではなく，5人とか6人でも，最初の人に当たるのだろうかということに興味を持ち，4人の場合と同じように調べてきまりを見つける。

（教材提供：常磐松算数研究会・町田市立藤の台小学校・近藤牧子教諭）

アイディア 26
生活の中から算数の問題を見つけよう

(2) きまりを見つける楽しさを味わい，そのきまりを使って結果を予想したり，きまりの成り立つわけを考える問題

ワークシート

＜15段目の秘密・ワークシート1＞
◇ かけ算九九の一の位の数を表に書き入れましょう。

九九表の一の位の数

1のだん									
2のだん									
3のだん									
4のだん									
5のだん									
6のだん									
7のだん									
8のだん									
9のだん									

①ウォーミングアップとして，ワークシート1を使って，かけ算九九の一の位の数字を書き入れる。（後に，きまりをみつけるヒントとなる）

②ワークシート2と，作業用紙を配付して，問題の意味を確認する。

＜15段目の秘密・ワークシート2＞
◇ 最上段に0～9の数字を1つずつ，好きな順にならべて書きましょう。
① その中の1つの数に○をつけ，最上段の数に，○をつけた数をたして，その和の一の位の数字を2段目に書きましょう。
② 次に，最上段の数と2段目の数をたして，その和の一の位の数字を3段目に書きましょう。
③ その次は，2段目の数と3段目の数をたして，その和の一の位の数字を4段目に書きましょう。

問 題
このようにして，次々に，上の2つの段の和の一の位の数字を表に書き入れていくとおもしろいきまりが見つかります。どんなきまりが見つかるでしょう。

(1) どんなきまりが見つかりましたか。みつけたきまりを書きましょう。

(2) さらに続けて計算していくと，次に，同じような数のならび方になるところがあります。そのとき，どんな数がならぶのか予想してみましょう。また，予想が合っているかどうか確かめてみましょう。

※(3) なぜ，そのようなきまりが成り立つのか，わけを考えてみましょう。

③問題の通りに，たし算をして，一の位の数字を書き入れていくと，下の作業例のように15段目の数字が全部そろう。（そろわない場合は，途中の計算を誤っているので，作業の様子を見ながら，計算ミスをチェックして，正していく）

④どのような結果になったのかを発表する。

⑤15段目に発表した数字を聞き，○をつけた数字を当ててみせる。
C 15段目が，全部6になった。
T 6になった人は，8に○をつけたでしょう。
C 15段目が，全部3になった。
T 9に○をつけたでしょう。
C すごいな。当たっている。なぜ当たるのかな。

(作業例)

2	5	6	0	9	4	7	1	3	⑧
0	3	4	8	7	2	5	9	1	6
2	8	0	8	6	6	2	0	4	4
2	1	4	6	3	8	7	9	5	0
4	9	4	4	9	4	9	9	9	4
6	0	8	0	2	2	6	8	4	4
0	9	2	4	1	6	5	7	3	8
6	9	0	4	3	8	1	5	7	2
6	8	2	8	4	4	6	2	0	0
2	7	2	2	7	2	7	7	7	2
8	5	4	0	1	6	3	9	7	2
0	2	6	2	8	8	0	6	4	4
8	7	0	2	9	4	3	5	1	6
8	9	6	4	7	2	3	1	5	0
6	6	6	6	6	6	6	6	6	6

ワークシート

⑥15段目にそろった数と○をつけた数との対応を表で表し，どんなきまりがあるかを見つける。

○をつけた数	0	1	2	3	4	5	6	7	8	9
15段目の数	0	7	4	1	8	5	2	9	6	3

T ウォーミングアップで作った，一の位のかけ算九九表がヒントになりますよ。
C 7の段の一の位と同じになっている。

＜15段目の秘密・ワークシート3＞
＝（3）きまりが成り立つわけを調べるために＝
◇ 8に○をつけたとき，1段目の6の数字の下の段には，どのような計算の答えがならぶのか，式に表して調べてみましょう。また，1段目の7の数字の下の段はどうなるか，同じように式に表して調べてみましょう。

6	⑤	7
6 ＋ 8		7 ＋ 8

⑦なぜ，15段目の数が，7の段の一の位の数になるのか，わけを考える。

T なぜ，15段目の数が，7の段の数になるのか，わけを考えましょう。
（左のワークシート3を配付し，1段目ごとの数が，どのような計算をした結果であるのか，式で表すように指示する）

6	⑧	7
6 ＋ 8		7 ＋ 8
6× 2＋ 8		7× 2＋ 8
6× 3＋ 8× 2		7× 3＋ 8× 2
6× 5＋ 8× 3		7× 5＋ 8× 3
6× 8＋ 8× 5		7× 8＋ 8× 5
6× 13＋ 8× 8		7× 13＋ 8× 8
6× 21＋ 8× 13		7× 21＋ 8× 13
6× 34＋ 8× 21		7× 34＋ 8× 21
6× 55＋ 8× 34		7× 55＋ 8× 34
6× 89＋ 8× 55		7× 89＋ 8× 55
6×144＋ 8× 89		7×144＋ 8× 89
6×233＋ 8×144		7×233＋ 8×144
6×377＋ 8×233		7×377＋ 8×233
6×610＋ 8×377		7×610＋ 8×377

C 15段目の数は，8に○をつけたとすると，始めの数が6の場合は，6×610＋8×377となる。また，始めの数が7の場合は，7×610＋8×377となる。
T 一の位がどうなるか式から読み取れますか。
C 6×610も7×610も，どちらも一の位は0をかけるので0になる。
C ということは，始めの数が6でも7でも，一の位のことだけ考えると，8×377の一の位の計算で決まることになる。
C つまり，8×7ということで，7の段の答えになるということがわかる。

本書に出てくる大事な言葉・事項

以下に取り上げたのは，本書の内容においてキーワードとなるものです。

あ

- 依存関係……………………111，113
- 一連の活動…………………128
- 一般化の考え方……………100
- エラトステネスのふるい…19，24
- 演繹的な考え方……………95，98
- 演算決定……………………47
- 円周率………………………101

か

- 外延…………………………91
- 外延量………………………71
- 概念形成……………………91，92
- 概念達成……………………91，92
- かけ算の意味………………32
- 仮商…………………………57
- 加数分解……………………52
- 数としての分数……………14
- 合併…………………………27
- 加法性………………………71
- 関係概念……………………91
- 関係を表す式………………120
- 関数的な考え方……………100
- 関数の考え…………………111
- 間接測定……………………78
- 間接比較……………………72
- 記数法………………………8
- 帰納的な考え方……………95，97
- 逆思考………………………28　29
- 求差…………………………29
- 求残…………………………29
- 求小…………………………29
- 求大…………………………28
- 空間概念……………………107
- 空間観念……………………107
- 繰り上がり…………………49，51
- 繰り下がり…………………49，53
- 減加法………………………53
- 減々法………………………53
- ことがらを表す式…………120

さ

- 算数的活動…………………133
- 式に表す活動………………125
- 式のはたらき………………122
- 式を読む活動………………125
- 試行接近……………………55，58
- 十進位取り記数法…………7，8
- 商分数………………………14
- 塵劫記………………………12

数学的な考え方……………95, 100, 143
数直線のかき方……………47, 48
正多角形……………………101
増加…………………………27
総合式………………………121
操作概念……………………91
操作分数……………………14, 17
素数…………………………19, 23

た
対象概念……………………91
たし算の意味………………26
単位量当たりの大きさ……83
直接比較……………………72
等分除………………………35
特殊化の考え方……………100

な
内包…………………………91
内包量………………………71
任意単位による測定………72
ノート指導…………………149, 153

は
倍数…………………………19
発展的な考え方……………100
板書…………………………149
被加数分解…………………52
ひき算の意味………………28
普遍単位による測定………73

分解式………………………121
分割分数……………………14, 17
分離量………………………71
包含除………………………35
保存性………………………71
ポリア………………………142

ま
命数法………………………8
面積図………………………63, 66
問題解決……………………141, 142

や
約数…………………………19

ら
量の大きさの感覚…………75
量分数………………………14
類推的な考え方……………65, 95, 100
連続量………………………71

わ
割合分数……………………14
わり算の意味………………34

【著者紹介】
廣田敬一（ひろたけいいち）

昭和46年東京学芸大学教育学部卒業。東京都内の公立小学校教諭、稲城市教育委員会指導主事、都立教育研究所指導主事、東京都教育庁指導部指導主事、都立教育研究所統括指導主事、日野市立三沢台小学校長、世田谷区立八幡山小学校長を経て、平成21年4月より鎌倉女子大学特任教授。平成19年度に東京都算数教育研究会会長を務め、現在は、現代算数教育研究会会長、常磐松算数研究会会長。著書は、『算数がおもしろくなる発展的課題事例集』（東京都算数教育研究会編著）、『思考力・表現力を育てる算数的活動の実践』（編著、明治図書）、『算数思考力ワーク』（共編著、明治図書）など。

算数の基礎・基本を楽しく学べる授業
―26のアイディアとポイント

2011年9月29日　初版第1刷発行

著　者	廣田　敬一	
発行者	小林　一光	
発行所	教育出版株式会社	

〒101-0051　東京都千代田区神田神保町2-10
電話（03）3238-6965　　FAX（03）3238-6999

©K. Hirota 2011　　　　　　DTP　明昌堂
Printed in Japan　　　　　　印刷　モリモト印刷
落丁本・乱丁本はお取替えいたします。　製本　上島製本

ISBN978-4-316-80335-7 C3037